Wiglaf Droste
& Rattelschneck

○ ○

IN WELCHEM POTT SCHLÄFT GOTT?

Stern- und Sterbestunden zweier Fußballfans in Wort und Bild

●

Mit Gastbeiträgen von Claudia Aldenhoven, Franz Dobler, Fritz Eckenga und Dietrich zur Nedden

Edition Nautilus

Editorische Notiz: „In welchem Pott schläft Gott?" enthält die gesammelten Fußball-Texte von Wiglaf Droste, Gastbeiträge von Claudia Aldenhoven, Franz Dobler, Fritz Eckenga und Dietrich zur Nedden sowie Zeichnungen von Marcus Weimer alias Rattelschneck. Jedem Buch liegt ein farbiger Sammelbilderbogen mit sieben Motiven bei; die restlichen Sammelbilder (insgesamt 28 Motive) sind auf drei weiteren Bögen zu finden, auszuschneiden und ins Buch oder sonstwohin zu kleben – Ihr Buchhändler hält sie zum Preis von 99 Pfg. pro Bogen vorrätig.

Edition Nautilus Verlag Lutz Schulenburg
Am Brink 10 · D-21029 Hamburg

1. Auflage 1998 · ISBN: 3-89401-285-4
Printed in Germany

„Ihr habt kein Tor, kein Tor, kein Tor und nichts dahinter!“

Rechtzeitige Verabschiedung aus einer unseligen Fußballsaison

Die von Beginn an vergurkte Fußballbundesligasaison 1997/98 ist vorbei: Durch ein 0:0 im Dortmunder Westfalenstadion gegen Real Madrid schied Borussia Dortmund im Halbfinale der Champions League aus. Was jetzt noch kommt im deutschen Fußball bis zum 9. Mai, dem Tag der Befreiung von dieser Spielzeit, ist obsolet. Zwar werden einige Unverbesserliche, ja Ewiggestrige darum hadern, ob nun Bayern München oder der 1. FC Kaiserslautern das kleinere Übel sei beim Gewinn der Meisterschaft – wer meint, die Wahl zwischen Pest und Cholera sei eine Alternative, der muß das eben meinen.

Als kleineres Übel, genauer: als „kleinstes Übel unter den Fußballreportern“, wurde vor einiger Zeit ebenfalls der RTL-Mann Marcel Reif bezeichnet, der jetzt auch das Spiel Dortmund–Madrid kommentierte. Das Lob stammt vom sich explizit als *politisch korrekt* etikettierenden *Prinz*-Journalisten und Radio-DJ Klaus Walter aus Frankfurt am Main. Wer den rauhtimbrig-aufgeblasenen Äußerungen Reifs einmal hat lauschen müssen, wundert sich über Walters Lob – vielleicht liegt's ja an der bei Radioleuten nicht seltenen, oft freiwilligen, manchmal aber auch an der allein von ihnen unbemerkt schleichenden *sensorischen Deprivation,* an der Beraubung ihrer sinnlichen Wahrnehmungsfähigkeit. Wer jedenfalls seine Ohren

nicht wie Klaus Walter unter Kopfhörer des Hessischen Rundfunks steckt, der wird bei der Rezeption von Marcel Reif doch eher dem Urteil des Kollegen Fritz Tietz zuneigen: „Der fahle, kopfhörergestützte deutsche Reporter Marcel Reif, und der labert, labert, labert."

Was er laut Zeugenaussagen auch beim Hinspiel Madrid–Dortmund tat, wo er, gemeinsam mit dem schon unterirdisch-kriecherischen Günther Jauch, deutscharrogant „Mein lieber Schwan, Bezirksliga!" und ähnliches Zeug ötterte, was sich nicht auf das Spiel bezog, sondern allein darauf, daß es nach dem Abreißen eines Tors durch Real-Madrid-Fans 75 Minuten dauerte, bis ein zweites, spieltaugliches Tor herbeigeholt war und die Begegnung stattfinden konnte. Denn das, so die Quintessenz aus dem moderatorischen Gemecker, wäre beim DFB nie passiert, so ein Mangel an Organisation. Obwohl die Deutschen ja nicht ungern in Länder reisen, wo es auch schon mal einen Faschismus gab, damit sie sich nicht so alleinschuldig fühlen: So richtig schön deutsch wie zuhause ist es dann doch nicht.

Was bin ich froh, dieses Spiel am 1. April 1998 nicht am TV-Schirm gesehen zu haben, sondern live, ohne TV-Kommentar, im Bernabeu-Stadion in Madrid, inmitten von etwa 110.000 Menschen. War das nett! Links die Fußballplatz- und Wissenschaftskoryphäe Dr. Aldenhoven, rechts der begnadete Analytiker Bittermann, und mittenmang ich als naiver Prinzipal des *Ubi sunt gaudiae?,* drei Stunden eine speziell für diesen Anlaß aufbewahrte *Cohiba Esplendido* schmauchend, denn das muntere Verbrennen von gutem Tabak hatte ein Jahr zuvor entscheidend zum glücklichen Einszunull-Sieg der Dortmunder bei Manchester United beigetragen, wie führende Agnostiker später herausfanden.

Daraus aber wurde nichts in Madrid, denn die Fans von Real hatten den stärkeren Zauber – sie rissen einfach das Tor ab, auf das die Dortmunder in der ersten Hälfte schießen sollten. Damit bescherten sie allen Anwesenden das, wovon Kohl und Gorbatschow heute noch träumen: einen *historischen Augenblick,* und ich kann sagen: Ich war nicht nur dabei, sondern sang den verwirrten Anhängern von Real Madrid auch ein Lied: „Ihr habt kein Tor, kein Tor, kein Tor, und nichts dahinter!“

RUHENDER BALL

Das verstanden die Madrilenen zwar nicht, ahnten aber wohl den Spott und schüttelten sehr unentspannt die Fäuste, als seien sie Anhänger von Hansa Rostock, dem Vertreter des *anderen Deutschland* in der Fußball-Bundesliga. Und so ist die Zielgerade doch noch gepackt: Derartig verkorkst ist diese Fußballsaison, daß Hansa Rostock wahrscheinlich einen UEFA-Cup-Platz erreicht. Damit die Anhänger dieses Clubs im nächsten Jahr auch Bewohnern des europäischen Auslands deutlich zeigen können, wie das mit dem *anderen Deutschland* wirklich gemeint ist.

Flatterzunge

An Karfreitag darf kein Fußball gespielt werden. Das leuchtet ein – schließlich wurde, als man den Nazarener Sektenführer an den Pfosten hämmerte, auch nicht Fußball gespielt. Sondern Keinhandklatschen in Golgatha.

So etwas ähnliches wie diese Schädelstätte ist auch der Betzenberg in Kaiserslautern. Hier finden turnusmäßig sadistische Orgien statt – „unter großer Anteilnahme der Bevölkerung", der Landeskinder. Einige besonders exemplarische und aussagekräftige Kaiserslauterner Anhänger zeigte *premiere* am Gründonnerstag immer wieder: Jeder der drei noch jungen Männer verfügte, was hängende Bäuche und Brüste angeht, über mindestens Kanzlerformat, wobei zur Ehrenrettung Helmut Kohls gesagt werden muß, daß er seine diesbezüglichen Schwarten nicht unbekleidet herzeigt – ganz im Gegensatz zu den anderen Parteigängern des 1. FC Kaiserslautern, die dafür von Blindmedien wie *premiere* oder *ran* als „die besten Fans der Liga" gefeiert werden, schafsblöde und demagogisiert, wie sie sind. Nirgends sonst sind Fans in einem derartigen Maß unsportlich wie in Kaiserslautern; selbst bei einem extrem nazidurchsetzten Club wie Hertha BSE Berlin gibt menschgewordenes Nitritpökelfleisch nicht so den Ton an wie bei Kaiserslautern, und das will etwas heißen.

Entsprechend mußte der Schiedsrichter nach Abpfiff der Partie Kaiserslautern–Dortmund vor Wurfgeschossen der Kaiserslauterner geschützt werden; sein Verbrechen bestand darin, dem aggressiven Verlangen der heimischen Anhänger nach parteiischem Gepfeife nicht nachgekommen zu sein. Noch abstoßender zu sein als die gewaltbereiten Pfälzer Grölos, war eine schwere Aufgabe; sie wurde aber souverän gemeistert vom *premiere*-Kommentator Patrick Wasserziehr, der fest entschlossen scheint, in die Fußstapfen von Hetzern wie Kerner und Beckmann zu treten. Wasserziehr schrie unaufhörlich nach einem Tor für Kaiserslautern; gegen ihn wirkte sogar der unsittlicherweise zum Co-Kommentator bestellte Bayern-München-Präsident Franz Beckenbauer unpenetrant.

Ähnlich gelackt und geleckt wie Wasserziehr agierte nach dem Spiel sein Kollege René Hiepen im *premiere*-Studio; naßforsch quatschte er Otto Rehhagel von der Seite an, aber Rehhagel, der Sympath aus Essen-Steele, ließ ihn kühl auflaufen und sagte: „Sie können ja erzählen, was Sie wollen, aber ich sage auch, was ich will." In Hiepen, einem symptomatischen Vertreter seines nutzlosen Berufsstands, ging sichtlich etwas vor: Ihm schien nach Rehhagels Reaktion zu schwanen, daß er sich im Ton vergriffen hatte – nicht, weil er das wirklich begriffen hätte, sondern nur deshalb, weil er mit Otto Rehhagel möglicherweise jemanden getroffen hatte, der über genügend Macht und Einfluß verfügen könnte, um ihm, Hiepen, eventuell bei seinem Fortkommen schaden zu

können. So entblößte Hiepen den klassischen autoritären Charakter. Eben noch frech, fing er zu schleimen an und bettelte: „Aber nicht böse sein, Otto." Dabei machte er noch Anstalten, Rehhagel anzufassen, aber der war schneller und entzog sich. Etwas später versuchte Hiepen – und auch das paßt ins Bild –, Überlegenheit zu simulieren, indem er Rehhagel hinterhertrat und über „die bösen Medien" spöttelte, um Rehhagels distanzierten und daher würdigen Auftritt nachträglich madig zu machen.

Man muß Wasserziehr und Hiepen dankbar sein für ihre Auftritte; sie boten einen aufschlußreichen Einblick in die individualspychologische Grundkonstel-

lation von Fernsehleuten: Sie sind dumm, sie sind unwissend, und sie kompensieren das mit Flatterzunge und einem aufgerissenen Hals, den man ihnen aber, ist man im Gegensatz zu ihnen souverän, mit Leichtigkeit schließen kann, wobei man ihrerseits mit jeder Hinterhältigkeit und Falschheit rechnen muß. Denn eine nicht so sinnentleerte, grundkorrupte Existenz zu sein wie sie, das verzeihen sie einem nie.

Strammstehen und untergehen

Die Zeit bei der Bundeswehr, erzählte ein junger Mann, sei „eine Erfahrung", die er „nicht missen möchte": Bei der Grundausbildung werde man „topfit", die „Kameradschaft" sei „prima", und überhaupt solle „jeder sein Land verteidigen" können. Ausgestrahlt wurde das Bekenntnis zu Dummheit und Gewalttätigkeit in einer *ran*-Werbepause auf SAT.1, wo es kaum auffiel, denn *ran* ist nichts weniger als ein gut hundertminütiger Werbespot für die Bundeswehr respektive für das, was manche Leute „militärische Tugenden" nennen.

Macht man den Fehler, bei *ran* zuzuhören, wähnt man sich in der Kaserne oder schon wieder im Oderbruch: Es wird „gekämpft", „geracker", „alles gegeben" und immer brav „die Einheit gesucht". Hier, in der Volksgemeinschafts-Einübestunde, gilt auch der „gelernte Metzger" etwas, selbst wenn er nur aus Holland kommt. Als größtes Vorbild aber preisen die *ran*-Soldaten einen aus dem Osten. Der ist „ein Teufelskerl", „einfach bärenstark", „der beste Mann auf dem Platz", „der Held" und derart schlichten Gemüts, daß ihm „Wasser wie Champagner" vorkommt. Von Ehrgeiz und Verbissenheit ist er so zerfleddert, daß selbst der daueraffirmative *ran*-Kommentator vorsichtig bemängelt: „Er freut sich nicht mal richtig." Auch wenn sich das liest wie eine Beschreibung von Matthias Sammer: An diesem Wochenende wurde Ulf

Kirsten für den Cocktail aus Sekundärtugenden aller Art abgelobt.

Für alles, was daran erinnern könnte, daß Fußball ein Spiel ist, haben die *ran*-Ranschmeißer keine Verwendung. Auf Eleganz und Spielwitz ist gepfiffen, wenn auch auf dem Fußballplatz Roman Herzogs Rede an die Volksgemeinschaft umgesetzt werden muß. Für die Liebe zum Fußballspiel ist das tödlich, aber damit haben sie bei *ran* ja auch keine Verträge.

Auf besserem Fuße allerdings steht Reinhold Beckmanns Truppe mit bundeswehrgeeignetem Humor: „Er hat sich heute nacht fortgepflanzt", sprach Jörg Dahlmann über Julio Cesar. Klar: Während der gute Deutsche Familienvater wird, pflanzt der schwarze Mann sich fort. Und ausgerechnet der zu 99,3 % aus Gußeisen bestehende Jörg Wontorra machte sich anheischig, dem Dortmunder Trainer Nevio Scala „einen Kamm zu schicken". Hahahamwajelachtwa.

Etwas tröstlich immerhin ist, daß all das angestrengte, verkrampfte und entsetzlich unattraktive, geistlose Genöcke sich zum guten Schluß hin und wieder selbst die Karten legt: Axel Kruse, Kapitän von Hertha BSC Berlin und geübt darin, das Fußballspiel mit einer Wirtshausschlägerei zu verwechseln, maulte nach der Hertha-Pleite in Wolfsburg in die Kamera: „Wir geben alles. Nach vier Spielen gleich wieder die Fahnen umzuschwenken, das war bei den Kommunisten früher so üblich. Aber nicht im Fußball." Abgesehen davon, daß das herrlicher, sinnloser Quatsch ist: Da möchte einer strammstehend untergehen. Wer sollte ihn daran hindern?

PELÉ IST AUF DEM PLATZ UND IM HAUSHALT EINE PERLE.

Dietrich zur Nedden
Die Räume eng machen ...

Wie man die Räume zustellt
und eng macht ist eine Frage, die im
Kopf entschieden wird

„So leben wir und nehmen immer Abschied", schrieb der virtuell unbehauste Rilke. Der Großlyriker ahnte wahrscheinlich nicht, wie recht er hatte. Ich habe schon etliche Male Abschied genommen vom Fußball, vom Hin- und Ankucken wenigstens, aber ich habe bestimmt noch häufiger an Fußballspielen teilgenommen und natürlich noch mehr Spiele gesehen in meinem Leben. Jedem Abschied folgte sozusagen ein neues Spiel, ohne daß die Zeit dazwischen etwa bloß eine Schamfrist gewesen wäre. Es war mir jedes Mal Ernst. Wieder und wieder der Schwur: Das reicht endgültig jetzt, aber ehrlich. Das Auge hat genug, der Geist ist entschlossen, die Seele aber schwach und das Fleisch vernarbt von zahllosen Grätschen und hat in dieser Angelegenheit sowieso nichts zu sagen. Was mich trotz meiner so verachtenswerten wie nebelhaften Unentschlossenheit und Inkonsequenz beruhigt, ist eine Gedichtzeile von Beckett: „Es gibt ein letztes Mal auch von den letzten Malen." Das riecht nach Tod, ist dennoch Trost. Allerdings würde ich nicht gerne in einem Fußballstadion sterben. Der Trainer Bill Shankly, der im englischen Zitatenlexikon direkt auf Shakespeare folgt, wußte seinerseits: „Some people think football is a matter of life and death ... I can assure them it is much more serious than that."

Ich war einigermaßen erschrocken, als ich neulich während des dramatischen UEFA-Cup-Spiels Bochum gegen Istanbul merkte, daß mir Spannung und berückende Spielzüge völlig egal waren. Mein einziger und tief gefühlter Wunsch bestand darin, daß die deutsche Mannschaft verlieren und aus dem Wettbewerb fliegen möge. Ich habe nichts gegen Bochum, im Gegenteil, einer der sympathischsten und kenntnisreichsten Fußballfexe, Christoph Biermann, ist ein Bochum-Anhänger, dem ich nichts Übles will. Trotzdem lechzte ich nach einer Niederlage für den VfL und all die anderen Bundesligavereine, damit am Ende nicht vier deutsche Mannschaften im Halbfinale des UEFA-Cups stehen.

Bei Spielen der deutschen Nationalmannschaft geht es mir seit anderthalb Jahrzehnten so: Hauptsache und hoffentlich sie verliert. Das Vergnügen am Fußball ist für einen Menschen, der so denkt, man kann es sich vorstellen, verdorben, verloren, vergnarzt. Mit der Vorgabe hat man angesichts des unverschämten Losglücks und der notorischen Schlecht-gespielt-aber-gewonnen-Darbietung der DFB-Auswahl sehr selten einen Anlaß zur Freude. Ein ins Negative gewendeter Nationalismus drücke sich darin aus? „Von mir aus", wie Elliot Gould dauernd in *Der lange Abschied* nuschelt. Es muß immerhin ein trauriges, bedauernswertes, wenn nicht elendigliches Bild sein, mich in diesen Momenten vor dem Fernseher zu sehen. Das Vergnügen, ein großes internationales Match zu betrachten, ist mir versagt, sobald eine deutsche Mannschaft daran teilnimmt. (Es sei denn, die hieße SC Freiburg oder Hannover 96).

Natürlich gibt es zahlreiche rational unabweisbare Argumente, sich das, was heute Fußball bedeutet, nicht mehr anzutun. Wenn der Zweitplazierte der Bundesliga Europapokalsieger der Landesmeister werden kann – ich weiß, es heißt nicht mehr so, aber es ist doch irgendwie noch so gemeint –, dann stimmt eine ganze Menge nicht. (Eine exogene wie indogene Inflation der Wettbewerbe gibt es in anderen Sportarten natürlich auch. Die ohnehin abscheuliche Erfindung des Synchronschwimmens wurde kürzlich erweitert um eine Solo-Konkurrenz.)

In der *Sport-Bild* vom 22. Januar 1997 enthüllte der ständig den intelligenten Profi gebende Thomas Helmer, was die Bayern-Spieler interessiert, wenn sie nicht auf dem Platz stehen – die Börsenkurse: „In der Kabine und im Kraftraum hängen zwei Fernseher, da läuft den ganzen Tag nur *n-tv,* weil auf dem Sender ständig die aktuellen Notierungen gezeigt werden." Nur eine gute Woche später berichtete Ludger Schulze aus dem im Süden gelegenen Trainingslager der Bayern: „Überhaupt diese Handys. Was haben Fußballprofis vor der Erfindung den lieben langen Tag gemacht? Mittags vor dem Essen streichen immer vier, fünf Gestalten in Trainingsklamotten um das Bassin im Zentrum des begrünten Innenhofs auf der verzweifelten Suche nach dem Netz. Vermutlich müssen Fußballer schon deshalb soviel Geld verdienen, um ihre Telefonrechnungen begleichen zu können." Und die Trainer, läßt sich hinzufügen, müssen wahrscheinlich deswegen mit mehr Reklameschildchen beklebt sein als ein Formel-1-Bolide.

Stutzig macht mich zudem die Tatsache, daß noch vor etwa zehn Jahren Bernd Schuster gewaltigen Ärger bekam, als er es vorzog, bei der Geburt eines seiner Kinder dabei zu sein, statt ein Punktspiel zu bestreiten. Ein Weichei, sowieso, und Weiberknecht obendrein. Heute aber ist es gleichsam eine Pflicht für jeden Fußballprofi mit menschlichem Antlitz, sobald sein Mobiltelefon piept und die Nachricht eintrifft, daß bei seiner Frau die Wehen eingesetzt haben, sofort in den Kreißsaal zu rasen, selbst wenn seine Mannschaft 1:2 hintenliegt. (Diesen Wertewandel, oder nein: heute sagt man Paradigmenwechsel, als Erfolg oder wahlweise Pyrrhus-Sieg überhaupt erst einmal wahrzunehmen, hat die Frauenbewegung bislang versäumt.) Wenn ich mich richtig erinnere, flog ausgerechnet Mario Basler während der WM in den Vereinigten Staaten nach Deutschland zurück, weil es seiner schwangeren Frau nicht gut ging. Von der Frau lebt er, wie man hört, mittlerweile getrennt, in der Nationalmannschaft spielt er noch immer.

Bald wird der erste Profi Erziehungs- oder sogar Mutterschaftsurlaub beantragen und im Falle der Ablehnung sein Recht vor Gericht erstreiten, notfalls bis nach Karlsruhe gehen, begleitet von der Spielergewerkschaft.

Eine die Regel bestätigende Ausnahme ereignete sich übrigens erst Ende Februar '98, als Uwe Kamps, der Torwart der dringlichst abstiegsbedrohten Gladbacher, eines Samstags nicht an der Seite seiner gebärenden Frau weilte, sondern auf'm Platz. Als weltmeisterlich wurden seine Paraden an diesem Nachmittag beschrieben.

Der Kernpunkt, die zentrale Frage, das vordringliche Problem ist vielleicht der, die, das: Kann man die monothematischen *n-tv*-Fernseher, die Mobiltelefone wie die fürsorglichen Fußballspieler, deren tiefstes Erlebnis es ist, bei der Geburt ihrer Kinder dabei sein zu dürfen (Effenberg! et. al.), ignorieren, während man sich mit dem Fußball an sich beschäftigt? Man will doch eigentlich nur, daß diese Menschen einen zwar unerreichbaren, aber dennoch wünschenswerten, utopienahen und ideologiefreien Fußball spielen, der Kurzweil, Dramatik, Schönheit und den richtigen Sieger bietet.

Eine denkbare Antwort ergab sich, als ich im Sommer '96 mit Gerhard Henschel zu einer Tagung fuhr, zu der einige Fußball-Intellektuelle eingeladen waren. Was unter dem Begriff zu verstehen ist, kann ich beim besten Willen nicht sagen, ein vager Hinweis fand sich einige Zeit später im *kicker*: „Marco Bode zählt zum

Typ intellektueller Spieler, und das ist nicht etwa negativ gemeint.“ Im Bord-Bistro beschlossen Henschel und ich, nie wieder über Fußball zu schreiben. „Gebt uns das Spiel zurück“, lautete derzeit eine formelhafte Forderung, die aus der Anti-Versitzplatzungsbewegung hervorgegangen war (ja, auch solche Worte muß es wohl geben), und wir sagten: „Dieses Spiel wollen wir gar nicht haben.“ Gerhard Henschel hat sich weitgehend an unsere Abmachung gehalten, ich habe es nicht geschafft.

Was wir natürlich trotz allem nicht meinten, wonach wir uns nicht sehnten, worüber wir nicht klagten, war weder der verlorengegangene Geist des Spiels, noch das mephistophelische Fernsehen, dem der Fußball seine Seele verhökert hat. „Das ist alles, ach, so kommerziell geworden. Geld, Geld, Geld, und nur noch Show.“ Schnauze, ihr Penner. Es gibt keinen Straßenfußball mehr? Straßenfußball zum Beispiel ging im bürgerlichen Milieu so:

(Ich stelle mir vor, ich kucke auf den Schirm und sehe die Wiederholung einer Wiederholung, die Rückblende einer Rückblende und schweife ab.)

Um nicht bei Adam und Eva anzufangen, beginne ich mit meinem Freund Reinecke und mir. Wir kickten – bohkten, wie wir sagten – häufig auf einem Asphaltplatz, den ein hoher Drahtzaun umgab. Es gab nur ein Tor, es war aus stabilem, wenngleich nicht rostfreiem Eisen. Ich erinnere mich an ein Vorkommnis, mit dem sich kein Schiedsgericht, kein Liga-Ausschuß

NEULICH IN DER STERN-REDAKTION
KLIRRR

jemals befaßt hat. Drei Jugendliche, mindestens fünf oder sieben Jahre älter als wir, näherten sich über den benachbarten Spielplatz kommend. So ziemlich wortlos nahmen sie uns den Ball weg und schossen ihn über den Zaun. Sie warteten, bis wir zaghaft protestierten, dann gab's was auf die Schnauze. Einfach so. Ohne verbales Vorspiel, ohne Nicklichkeiten, ohne umständliche Tändeleien. Ein paar Tage später wiederholte sich der Überfall. Wir mieden fortan den Ort.

Wenn Reinecke und ich ein Bundesliga-Spiel von Hannover 96 im Niedersachsenstadion gesehen hatten, liefen wir oft zum TKH-Platz, dem einzigen halbwegs intakten Rasenplatz in der Nachbarschaft. Einer von uns war Siemensmeyer, der andere Torwart Podlasly, später Pauly. Unter der Woche herrschte auf dem Platz ein rauher Ton, aber es gab wenigstens so gut wie nie Prügel von den Älteren. Natürlich mußte man gehorchen und gefälligst froh sein, wenn man nicht als letzter gewählt wurde. Die Älteren hatten immer recht, sie waren die Stärkeren. Wir sind nicht solange geblieben, bis wir die Älteren waren.

Und drei- oder viermal kletterten wir sonntags über den Zaun des Niedersachsenstadions, liefen auf den Rasen und spielten vor den menschenleeren Rängen ein paar Szenen vom Vortag nach. Bis der Platzwart uns eben doch regelmäßig entdeckte und seinen Hund von der Leine ließ. Ui, war das ein Gerenne.

Als wir zehn Jahre alt waren, sind wir bei Hannover 96 eingetreten. „Knaben“ nannte man die Altersstufe damals, offiziell „D-Jugend“. Die Knaben-Mannschaften spielten noch nicht übers ganze Fußballfeld, sondern die fünf Meter breiten Tore standen auf der Strafraumlinie. Ich spielte Vorstopper oder etwas ähnliches, wenn ich überhaupt spielte. Reinecke turnte vorne rum. In der C-Jugend schulte ich um auf Torwart. Ich erinnere mich an meine ersten Handschuhe. Sie sahen aus wie die von Sepp Maier, schwarzes Leder und im Vergleich zu heute spärlicher blutorangener Gummibesatz. Ich besitze sie noch heute.

Zwei- oder dreimal Training in der Woche, bei jedem Wetter, klar, und meine Mutter mußte die Klamotten waschen. Von Stern Misburg kam eines Tages „Kerbe“, ein begnadeter Linksaußen, der schneller war als alle anderen. Der Junge hatte schätzungsweise sechs Geschwister, sein arbeitsloser Vater trank zuviel Alkohol. Keine Ahnung, ob es daran lang, daß Kerbe mittelmäßig gestört war. Als er mit einer bedeutungslosen Glatze zum Training kam, flog er aus der Mannschaft, spielte nie wieder. Linksaußen und Torhüter, lernte ich damals und phrasiere es seitdem kokett nach, haben alle eine Macke.

Ich glaube kaum, daß ich damals ein guter Torwart war, obwohl ich in die Kreis-, dann in die Bezirksauswahl berufen wurde, später sogar mit der Niedersachsen-Auswahl zur Deutschen Meisterschaft fahren durfte. Als Ersatzmann. Weil wir das erste Gruppenspiel verloren hatten, wurde ich fürs zweite aufgestellt. Und hielt erbärmlich, grottenschlecht. Die zwei Schüsse, die aufs Tor kamen, ließ ich durch. Mir war es sowieso lieber, zuhause, wenn die Geschwister und Eltern am Abendbrottisch saßen, Paraden mit einem imaginären Ball vorzuführen. Das Fliegen war das Schönste. Die „dankbaren“ Bälle, wie es früher die Reporter

nannten, bevor sich der Berufszweig dem Zwang zur Originalität unterwarf. Am besten sah es aus, wenn der Ball halbhoch angeflogen kam. Wir fliegen. Der Ball und ich, der Torwart. Bis ich ihn packe und unter mir begrabe. Das war mit nichts zu vergleichen.

Hannover 96 war 1974 abgestiegen. Ich guckte mir nur selten Spiele im Stadion an und wenn, dann sah ich ein unbeschreiblich ereignisloses 0:0 gegen Charlottenburg. Es dauerte zehn Jahre, bis 96 wieder in die Bundesliga aufstieg. Da hatte ich längst aufgehört mit dem Fußballspielen, weil ich anscheinend keine Peinlichkeit auslassen und nun Philosoph werden wollte. Auf dem Gymnasium hatten wir Xenophons *Memorabilia* gelesen, und ich wollte wie Sokrates werden. Meinte leider eben nicht den brasilianischen Fußballspieler, sondern den Philosophen. Die ewige Suche nach dem Sinn des Lebens und so. Nächtelange Diskussionen aus dem hohlen Kopf, Retsinaharz im Hirn, die ersten Zigaretten.

Einige Jahre später wiederum brauchte ich eine Ausrede für mein träges postschulisches Benehmen, das sich darin ausdrückte, daß ich in Hannover blieb, um dort zu studieren. Das war nicht vorschriftsmäßig, denn zum Studium hatte man fortzugehen. Nach Göttingen, nach Freiburg, nach Berlin, egal, Hauptsache weg. Ich konstruierte eine zweigliedrige Konditionalkette, daß ich Hannover in dem Moment verlassen würde, wenn Hannover 96 wieder aufstiege. Denkste. Als es soweit war, blieb ich und kümmerte mich weiterhin wenig um Fußball. Ich spielte später hier und da, in der dritten und vierten Kreisklasse beispielsweise, und wenn ich auf

sechs Punktspiele ohne Gegentor stolz sein konnte, dann war ich stolz.

Es ist besser, wenn die Abschweifung hier endet, die etwas grobschlächtige Suche nach den feingesponnenen Verbindungslinien, die, wenn gefunden, zu etlichen Knoten führen. Durchhauen scheint unmöglich (womit?), aufdröseln dauert ewig und ein ganzes Leben, während man müde und müder wird, ermattet feststellt, daß einem jede Sommer- oder Winterpause des Spielbetriebs von Jahr zu Jahr weniger ausmacht, während der gröbste und schlachtreifste Menschlichkeits-Wahnsinn zum Beispiel im TV weiter exponentiell zunimmt und immer unvermeidbarer daherkommt.

Bei Szenen wie der, als der Todeslisten-Kandidat Steinbrecher im ZDF-Sportstudio den wenige Stunden

ÜBER STAN LIBUDA

STAN LIBUDA WAR BEKANNTER ALS DIE TATSACHE, DASS IHN SCHULTERKLOPFEN BESONDERS NERVTE.

vorher bei Eintracht Frankfurt entlassenen Trainer Körbel verhört: „Ist das wirklich nur Erleichterung? Ist da nicht auch noch Schmerz? Irgendwo?" Er fragt und fragt weiter, bis Körbels Augen feucht werden, der Recke weint, was Steinbrecher mit seiner *human* Klatsche natürlich im Grunde keineswegs interessiert. Wie recht hatte doch ein paar Wochen vorher oder nachher der ehemalige Kandidat der Jungen Union, Peter Neuruhrer, als er feststellte: „Sepp Herberger lebt heute so nicht mehr."

Das stimmt. So wie es ebenso richtig ist, „daß die Strafraumstürmer, die dahin gehen, wo es wehtut, mehr und mehr aussterben." (Uwe Leifeld) Gehen sie also *da*hin oder gehen sie da*hin*? Ich weiß es nicht. Ich weiß nur – „bis an die Schmerzgrenze des Machbaren" (Thomas Wark) – : Ob derartiger und zahlreicher weiterer monströser Einsichten genügt es nicht, unsensibel zu sein, damit ein Abschiednehmen ohne Ende bis zum Abwinken kein Thema ist. Es geht um etwas, das der große Lyriker Uli Becker in einem etwas anderem Zusammenhang so formulierte: „How to make Sense". Das ist hier ausnahmsweise mal eine Frage.

Angst in Dortmund: „Wir sind schuld!"

Der Dortmund-Fan an der Autobahntankstelle Gütersloh war gereizt: „Besser, wir verlieren heute. Um so schneller sind wir den Trainer los." So redet man eben in Gütersloh.

Unter den wirklichen Anhängern des Klubs dagegen ist der Trainer tabu. Im Gegenteil: Man fürchtet, Nevio Scala könne von sich aus den Verein verlassen. Denn nichts – nicht einmal weitere Niederlagen – fürchtet man in Dortmund so sehr wie bayerische Verhältnisse oder was man sich darunter vorstellt: Intrigen, Boulevard-Getratsche, Skandale und Mario Basler.

Ein Dortmunder Pendant zu Basler hat man sogar schon ausgemacht: den Ostdeutschen René Schneider, der, als er gegen Bielefeld spielen sollte, „darauf nicht eingestellt" war und statt dessen darüber jankte, Berti Vogts und der DFB hätten ihn vergessen. Den würde man in Dortmund gerne nach Dunkeldeutschland zurückschicken. Als er am Dienstag abend gegen Leverkusen für ein paar Bundesliga-Minuten eingewechselt wurde, pfiff ihn die Südtribüne wütender aus als einen kloppenden Gegner. Sonst blieb alles ruhig. Beim 0:1 von Borussia Dortmund gegen Leverkusen sah man zwei derart traurig spielende Mannschaften, daß man meinte, Hertha BSC Berlin sei gleich zweimal auf dem Platz. Es war das reine Unvermögen, und das „Kämpfen, Dortmund, kämpfen!" von der Südtribüne war überflüssig: An nutzloser Rackerei mangelte es ja nicht, dafür an Übersicht und feiner Ballbehandlung. Man sagt es nicht gern, aber die Dortmunder können es derzeit nicht besser.

Während anderswo in vergleichbaren Situationen Köpfe statt Fußbälle rollen sollen, betragen sich die Dortmunder Anhänger wie artige, austherapierte Jungs. Am Dienstag abend riefen sie zur Entlastung von Spielern, Trainer und Vereinsführung in einer Mischung aus Fürsorge und Ironie: „Wir sind schuld! Wir sind schuld!"

So subtil ist Abstiegsangst noch nie formuliert worden.

Das Leben als Latrinenparole

Hertha BSC erstolpert gegen den 1. FC Köln drei Bundesligapunkte, die auch nichts nutzen werden

Der Besuch eines Hertha-BSC-Heimspiels im Berliner Olympiastadion ist ungefähr so erfreulich wie der eines Vertriebenentreffens. Da es aber sogar noch mehr Hertha-Zuschauer als „Schleysiän onsärr!"-Schreihälsinnen und -hälse gibt, erzeugt die Inspektion eines Hertha-Spiels auch entsprechend mehr Eis im Genick: Selten zuvor sah man so viele grundfies aussehende Menschen auf einem Haufen.

Menschen mit Fahne sind immer unangenehm; daß es aber in dieser Stadt Tausende von Menschen gibt, denen eine übelriechende Hertha-Fahne aus dem Halse hängt und denen das gut gefällt, sagt viel über die Bewohner Berlins. Da haben sich zwei gefunden: Die Hertha-Anhänger haben die Mannschaft, die sie verdienen, und Herthas Fußballer spielen vor dem Volk, das ihrem Spiele zukommt. So entstehen verschworene Gemeinschaften.

„Jetzt erst recht!“ lautet denn auch die trutzige Durchhalte- bzw. Latrinenparole auf dem Titel des offiziellen Hertha-Stadionmagazins *Wir Herthaner,* aus dem einem der geballte provinzielle Mief, zu dem Berlin fähig ist, entgegenquillt. Herthas Vizepräsident Jörg Thomas schreibt euphemistisch von „einer sehr schwierigen Situation“, will aber „nicht den Kopf in den Sand stecken“, sondern „nun noch härter arbeiten“, und vor allem müssen „alle an einem Strang ziehen“. Wenn alle an einem Strang ziehen, stellt sich die Frage, wer am anderen Ende des Stranges in der Schlinge steckt. Das Hirn – soweit vorhanden – ist in jedem Fall dabei.

Ebenfalls ganz geistverlassen spornt Sponsor *Bewag* die Hertha an: „Hertha denn je! Berlin, jetzt freue dich! Deine Hertha mischt endlich ganz oben mit. Das bedeutet spannende Spiele für die Fans. Und viel Renommee für die Sportstadt Berlin. (...) Verlieren ist hart. Siegen ist Hertha!“

Wie hart und wie unspannend für den Betrachter

ein Sieg sein kann, zeigte das Spiel Hertha gegen Köln: Es war ein Stolpern und Stümpern. Bekam ein Hertha-Spieler den Ball, erschrak er darüber so heftig, daß er ihn gleich gegen einen Kölner Spieler schoß; die Kölner konnten das Spiel umgekehrt genauso gut.

So trottelte und eselte alles über den Platz, wie um zu beweisen, daß Fußball auch ganz ohne Schönheit auskommen kann. Ein Nullnull mit anschließendem Trainertausch wäre ein der Partie angemessenes Ergebnis gewesen, aber einmal fiel der Ball doch irgendwie ins Tor, und das zugunsten von Hertha. So gab es nichts als Elend anzusehen, und als es gar zu unwürdig und peinlich wurde, pfiff der Schiedsrichter die Partie ab.

Das Berliner Publikum aber, nicht gerade fußballverwöhnt und diesem Mangel entsprechend inkompe-

DER PO VON LOTHAR MATTHÄUS VON HINTEN.
VON HINTEN? POS SIND DOCH IMMER VON HINTEN "IRGENDWIE".

tent, benahm sich, als sähe es ein gutes Spiel, und jubelte schon, wenn der Torwart einen Trullerball fing und dabei eine Pantomime dessen zeigte, was man früher „Glanzparade!“ nannte. Dazu sangen die Hertha-Fans mit schnapsgeölten, gleichwohl heiseren Kehlen etwas, das wie „Wir sind so, wie wir sind: das Berliner Sorgenkind!“ klang. Recht verstehen aber konnte man sie nicht, allein die unsportlichen „Arschloch!“-Begrüßungsrufe an die Kölner waren deutlich. Ansonsten klingt im Olympiastadion „Hertha!“ wie „Mörder!“ und alles zusammen wie „Sieg Heil!“

Als der Krampf vorbei war, sickerte aus den Stadionlautsprechern Frank Zanders auf die Melodie von *Sailing* gestülptes „Nur nach Hause, nur nach Hause, nur nach Hause geh'n wir nicht!“ Die Drohung wurde wahrgemacht: Noch Stunden später eierten blauweiß gekleidete und sehr unangenehm betrunkene Menschendarsteller durch ihre Stadt und kündigten vor lauter Abstiegsangst an, nun „Deutscher Meister“ werden zu wollen.

Denn das ist die Welt von Hertha BSC Berlin: Parolen aus der Latrine, durch die schon Führerdurchfall floß.

Schönheit in Gefahr

Andreas Möller zum 30. Geburtstag am 2.9.97

Unfaßbar: Andreas Möller ist 30! Richtig volljährig! Man kann sich das gar nicht vorstellen, sieht er doch aus, als schliefe er noch immer in Kinderbettwäsche und ginge nach der Schule zum Spielen auf den Fußballplatz.

Jungenhaft scheu ist sein Blick und manchmal feucht auch wie der des jungen Rehs, des Bambis. Elegant ist sein Gang, sein Lauf übers Spielfeld, als trüge er Ballerinenschuhwerk, so federleicht fliegt er dahin – als wolle er zeigen und zelebrieren, daß Fußball, dieses frauenlose, harte Brot, doch voller Anmut sein kann und Schönheit.

Ensprechend harsch wird er kritisiert und verspottet von Rohlingen fürs fast schon Feminine. Der blanke Neid ist's, denn wohltuend unterscheidet sich Andreas Möller von sogenannten „Siegertypen" wie Oliver Kahn, Mario Basler oder Matthias Sammer, über die Oscar Wilde schon vor 100 Jahren schrieb: „Ehrgeiz ist die letzte Zuflucht der Versager." Und hat auch nichts gemein mit Franz Beckenbauer, der aussieht, als creme er sich sein süßliches Erfolgsschnäuzchen täglich mit seinem eigenen Sperma ein zur nicht enden wollenden Feier seiner nicht enden wollenden Banalität.

Nein, Andreas Möller ist gut; an guten Tagen bringt er sogar das Kunststück fertig, vergessen zu lassen, daß man im Land der Sekundärtugenden lebt. Das macht ihn zu einem Künstler – stellvertretend erhebt er sich wenigstens für Sekunden über die Trostlosigkeit von Disziplin, Ausdauer, Fleiß und Ordnung.

Haarig wird es nur, wenn Möller seinen angestammten Platz verläßt – das Spielfeld. Auf den Nebenschauplätzen macht er leicht eine schlechte Figur bzw. auch Frisur:

> Die Frisur sieht seltsam aus
> Nach zwei Pfund Drei-Wetter-Taft
> Tapfer haben Spielerfrau
> Und Frisör daran geschafft.

Noch weit ärger aber geht es zu, wenn Andreas Möller von medialen Fieslingen aufs Glatteis der freien Rede gezerrt und gedrängelt wird. Das tut ihm nicht gut, da sagt er dann Sätze wie „Vom Feeling her habe ich ein gutes Gefühl". Zwar lachen begnadete Fußballer, aber weh tut es trotzdem, wenn einer, der sie in seiner eigentlichen Tätigkeit alle an die Wand spielt, sich den Hyänen ausliefert, statt sie weiträumig zu umfahren.

Deshalb an dieser Stelle, Andreas Möller zum 30. Geburtstag, dieses Warngedicht, dieses

Memento mori!

Nicht umsonst ist Medien
Ein Anagramm von meiden
Willst du dich nicht beschedien
Bleib weg – die sind halbseiden.

Die ziehen dich ins Unglück
Das heißt: zu sich hinab
Und manchen hetzen sie
Ins Autounfallgrrabb.

Schieß die Bälle in den Winkel
Schön berechnet auf ein Haarbreit. –
Laß dich niemals ‚Andi' nennen
Denn das klingt nach Arbeit!

FUSSBALLPILZ-SUCHSCHWEIN

AUS DER GEN-TECHNIK

Berlin bleibt Berlin

Eine Entbindung Herthas von der Zwangsverpflichtung zur ersten Liga

Wenn man in Berlin wohnt und trotzdem hin und wieder ein gutes Fußballspiel sehen möchte, muß man reisen. Diese Regel hat ihre Gültigkeit durch den Aufstieg von Hertha BSC in die erste Fußballbundesliga

nicht eingebüßt. Der Aufstieg hat allerdings in manchen Berlinern wieder einmal die Illusion geweckt, sie hätten per se und kraft ihres Berlinerseins ein quasi naturgemäß verbrieftes Anrecht auf Erstklassigkeit bzw. auf das, was sie dafür halten. Wie man sich doch täuschen kann.

Magisch, ja magnetisch zieht Hertha BSC jene Berliner Kräfte an, die dafür sorgen, daß man in Berlin niemals ganz heimisch werden will: Aus Berliner Bollos und Bunken, aus rohen, lauten, dumpfen und brackigen Gestalten rekrutiert sich die Kundschaft von Hertha BSC. Von Anhängerschaft im eigentlichen Sinn kann man nicht sprechen: Wirkliche Fans, also Leute, die mit ihrer Mannschaft auch durch die Niederungen des Fußball-Lebens krauchen, hat Hertha so gut wie nicht. Was jetzt den Hintern zum Spiel trägt, ist die Trittbrett-fahrende Sorte, die bei der ersten Gelegenheit meckert und wieder verschwindet.

Auf dem Weg zum Stadion sind die Straßen verstopft mit Schaumacherkarren; ein schwarzer Sportwagen mit fettem Werbeaufdruck für ein Kosmetik-Institut enthält drei Männer, deren beschnäuzertes Äußeres den Verdacht nahelegt, auch in ihrer Branche sei längst der Bock zum Gärtner bestallt worden. Auch sonst ist man eher vom Typus des Boutiquenbesitzers umgeben in der Nähe von Hertha – als hätten sich die Neuköllner aller Bezirke und Fraktionen gesucht und gefunden.

Wozu der ganze Aufriß um Hertha BSC? Sportlich ist das Unternehmen ein Witz, wenn auch einer, der allen Romantikern des Fußballspiels Auftrieb gibt: Mit Geld allein, so die von Hertha verstrahlte Botschaft, ist nichts zu holen. Da kann der Hauptsponsor Ufa noch so buttern – ein akzeptabler Verein wird Hertha BSC dadurch nicht. In den 60er Jahren wurde die Bundesliga von 16 auf 18 Vereine aufgestockt, nur damit eine Mannschaft aus der deutschen Frontstadt Berlin in der ersten Liga mitspielen konnte – genutzt hat selbst diese unsportliche administrative Maßnahme nichts. Nach der Saison 1997/98, wenn also Hertha wieder abgestiegen sein wird, darf man gespannt sein, ob die Bundesliga noch einmal erweitert wird – vielleicht am besten gleich auf 30 Mannschaften, damit Hertha auch eine kleine Chance hat, für etwas länger als ein Jahr unter den Erstklassigen dabeisein zu dürfen.

Berlin, so ist beschlossen worden, brauche eine Erstliga-Fußballmannschaft – schließlich muß am Fußball mitverdient werden, und schließlich wollen sich Regierungspolitiker nach ihrem Umzug von Bonn nach Berlin populär bei Schweiß und Bratwurst zeigen. Schön, daß die Mannschaft von Hertha BSC sich nicht zum Erfüllungsgehilfen solch kruder Pläne machen läßt. Wenn jetzt noch das durch den Aufstieg mobilisierte BZ-Berlinertum wieder murrend in seine Löcher zurückkriecht, kann man zufrieden sein. Und wer ein gutes Fußballspiel sehen will, muß reisen.

Wie Mädchen Meister werden

Comandante Klaus, der Mann, mit dem ich einige Räume teile (und den ich nicht wie ein WG-Verbrecher als „Mitbewohner“ denunzieren werde), ist für kurze Zeit verreist. „Ich muß meine Eltern neu tapezieren“, sagt er noch, umarmt mich zum Abschied und eilt aus dem Haus. Ich aber denke nur: Super! Sturmfreie Bude! High life mit allen Schikanen!

Blitzschnell sind die Räume, in denen sonst Comandante Klaus residiert, besetzt. Fremde Menschen klingeln an der Tür und bringen Rotwein, Salzstangen, Chips und andere Leckerchen. Was ist los? Eine Welle der Solidarität mit einem Strohwitwer? – I wo. Die kommen zum Fußballkucken: Dortmund gegen Juventus Turin, Champions-League-Finale in München. Oft bin ich nach Dortmund gefahren, um meine Mannschaft zu unterstützen, sogar bis nach Manchester reiste ich, damit Borussia Dortmund ins Finale käme – für München aber gab es keine Karten.

Die Tristesse des Fußballfernsehens wird verjagt von wildem Dortmunder Anhang. Frau S. und Frau A. werfen sich auf Chips, Salzletten und Getränke und tuten in die mitgebrachten BVB-Tröten. Die beiden Ruhri-Bräute entfachen schwarz-gelben Terror *de luxe*. Das Spiel beginnt, und schon ist der RTL-Kommentator Marcel Reif nicht mehr zu verstehen. Das macht nichts, denn Intelligentes hat der Mann ohnehin nicht zu sagen. Ewig hat er gegen Dortmund gehetzt, sich aber seit dem Halbfinale auf die Siegerseite geschlagen: Marcel Reif, ein verzichtbarer Mann.

Statt seiner hört man die Ruhri-Mädchen: „Nasenbeinbruch! Offener Muskelriß!“, verlangt Frau S. lautstark, wann immer ein Turiner Spieler am Ball ist. Fans sind so: nicht gut und gerecht, sondern Fans. Dann verschlingt Frau S. eine Tüte Salzgebäck auf einen Happs. Frau A. trötet, und der männliche Teil der Zuschauer ist zwischen Eingeschüchtertheit und Bewunderung hin- und hergerissen; er ahnt, daß es die Leidenschaft von Frauen ist, die die Welt dazu bringt, sich weiter zu drehen. Männer sollen dabei nicht stören, sondern zusehen, lernen und ein bißchen mithelfen.

So wie Fritz Eckenga, der nach dem gewonnenen

Spiel bei RTL erklärt, er freue sich nicht nur für Borussia Dortmund, sondern auch für Bayern München – schließlich habe Beckenbauers Verein von Dortmund die Gelegenheit erhalten, einmal immerhin zu sehen, was Würde ist. Wie recht Eckenga hat, zeigt Beckenbauers Reaktion: Auf die charmante Lehrstunde durch den Dortmunder fällt Franz Beckenbauer nichts ein, als „Arschloch!" und „Scheiße!" zu krakeelen und zu drohen, er werde Eckenga „den Hals umdrehen", all das selbstverständlich nicht vor laufender Kamera – da paßt er schon auf, der Franz. Das ist der Kerl, den die Deutschen für einen Mann von Welt halten: Franz Beckenbauer, ein Schreihals, ein unsouveräner Kläffer, aufgeblasen von liebedienerischen Journalistendarstellern wie Günther Jauch.

Drei zu eins hat Dortmund gewonnen; die Mädchen tröten und tröten. Und verwüsten singend die Räumlichkeiten von Comandante Klaus. Vor allem Frau S. macht vor nichts halt: Die Fotografie des *Freitag*-Redakteurs R. geht mit dem Ruf „Du bist kein Dortmunder! Wer braucht dich noch?" in Fetzen. Danach packt sie ihre Tröten zusammen und läßt sich von ihrem Fahrrad nach Hause schlingern. Lange noch hallen ihre wüsten Gesänge durch die Nacht.

Ich aber richte die Räume von Comandante Klaus wieder her, so gut es geht. Und denke wehmütig, wie schön es sein müßte, nicht nur Meister zu sein, sondern auch ein Mädchen.

Daum und Daumendrücken

Deprimierend, wie tief ein Mensch sinken kann. Aber ich gebe es zu: Seitdem Borussia Dortmund in dieser Saison nach menschlichem Ermessen nicht mehr deutscher Fußballmeister werden kann und auch der VfB Stuttgart diesbezüglich chancenlos scheint, halte ich zu Bayer 04 Leverkusen. Und schlimmer noch: Ich drücke Christoph Daum die Daumen.

Sagen Sie jetzt bitte nichts: Ich weiß selbst, wie peinlich das ist. Ich schäme mich auch ein bißchen

ICH WAR BEIM SPIEL DEUTSCHLAND - ÖSTERREICH DER BALL. UND DU?
ITALIEN - BRASILIEN
DIE KÖNNEN VIEL BESSER MIT DEM BALL UMGEHEN.

dafür. Aber das große ästhetische Opfer ist unvermeidlich. Denn für alle Zeit gilt die Regel: Alles ist besser, als daß Bayern München Meister wird. Alles – sogar Christoph Daum. So gewöhnungsbedürftig das klingt, wenn man sich Christoph Daum vor Augen führt, so ist es doch der kleinste gemeinsame Nenner und die *ultima ratio* aller, die sich noch nicht vollends von der Idee einer menschenwürdigen Ordnung der Welt verabschiedet haben.

Denn den Bayern den Sieg zu wünschen, ist ähnlich abscheulich, als bräche man angesichts eines verhungernden Menschen in Jubel aus. Bayern München ist das dreckige Lachen der Reichen über anderer Leute Armut und Elend; wie kein anderer Fußballclub in Deutschland repräsentiert Bayern München mitsamt seinem Personal den Triumph der Hundsgemeinheit. So fies und niederschmetternd es ist, daß mit Reichtum gepaarte Dummdreistigkeit für gewöhnlich die Oberhand behält, so macht es doch einen Unterschied, ob man sich dagegen auflehnt und es nur zähneknirschend erduldet oder ob man es gutheißt und unterstützt. Kapitalismus allein ist schon ekelhaft genug – Kapitalismus mit frechem Grinsen ist unerträglich und entfacht das gerechte Verlangen, Leuten, die sich als sog. *Siegertypen* abfeiern und abfeiern lassen, Bescheidenheit einzutränken. (Und wenn diese Bescheidenheit nur geheuchelt wäre: Eine Welt, in der Uli Hoeneß, Lothar Matthäus, Mario Basler usw. und vor allem Franz Beckenbauer etwas kleinere Brötchen büken, wäre eine erträglichere Welt.)

Wie aber lehrt man die Leute von Bayern München mores? Indem man ihnen gut zuredet und alles vernünftig erklärt? Ach was – die Kerle finden sich klasse, wenn ihnen 64 Zähne im Munde blitzen. Das einzige, was sie verstehen, ist die Sprache der Demütigung. Wenn sie nicht mehr gewinnen, schlagen sich die Millionäre gegenseitig die Köpfe ein, und irgendwann implodieren sie dann, *mental*, wie sie sagen würden. Und nehmen die große, strunzdumme Klappe vielleicht einmal nicht ganz so voll.

Und was könnte demütigender sein, als von Christoph Daum besiegt zu werden? Von dieser derangierten Gestalt mit dem irrlichternden, paternosternden Blick? Was wäre zerquetschender, als von diesem würdelosen Mann aus dem Feld geschlagen zu werden und anschließend auch noch sein abstoßendes Freudengetaumel mitansehen zu müssen?

Und deshalb drücke ich Christoph Daum die Daumen. Obwohl mir klar ist, daß das *eigentlich* peinlich ist.

Franz Dobler
Ich hör jetzt auf

gewidmet Kurt Josef Kraus und Achim Bergmann

Ich muß gestehn, ich hatte noch nie eine schlaflose Nacht wegen irgendwelchem Kram, der so in Serbien passiert oder in irgendeinem Pariser Tunnel, aber ich habe auch meine Probleme. Im Grunde ist es übrigens nur ein Problem: Ich bin der absolute Suchttyp, ich bin die Fleisch gewordene Sucht.

Unter anderen gehören zu meiner Sammlung Alkohol, Fernsehn, Fingernägel, Fußball, Lesen, Platten, Schreiben, Zigaretten. Ich bin fast 38 – da fängt man an zu überlegen, was man vielleicht reduzieren könnte. Redu was?! Das ist aus dem Wortschatz von meinem Arzt. Der übrigens ganz okay ist, er sagte einmal:

„Mensch, andere rauchen doch auch!“ (Tel: 0821-30516).

Ich schrieb also diese emotional überbelegten Begriffe auf (s.o.) und stieg ein in Phase 1: Setze dich auseinander! Leicht gesagt, wenn man Realist ist: Ich wußte sofort, daß von der Liste nichts gestrichen werden kann. Außer die Flimmerkiste vielleicht. Außer wenn einer mit 'ner Kanone neben mir steht, vielleicht (aber die sind ja nie da, wenn man sie wirklich mal braucht).

„Du?! Fernsehn?! Ich wette 50-mal Abwasch, daß du nicht mal den ersten Samstag überstehst."

Verdammt. Ich bin ein Suchttyp und kein Irrer. Schließlich waren wir nicht am Anfang der Sommerpause. Aber, wie allgemein bekannt, der Süchtige hat eine Chance, wenn Hilfe von draußen kommt ...

Ich hatte schon länger gespürt, daß in meiner Beziehung mit Fußball, genauer gesagt Fernsehfußball, Veränderungen passierten. Ein wenig hatte das schon damals angefangen, als dieses Terrorregime namens *ran* an die Macht gekommen war und ich am Sonntag nicht mehr wußte, wer am Freitag gespielt hatte. Und schließlich am Ende der Saison '96/97 der Fall Manfred Schwabl vs. TSV 1860 München, d.h. Trainer Lorant und Präsident Wildmoser, die den Mannschaftskapitän auf eine Art aus dem Team gehauen hatten, über die es nichts zu diskutieren gibt.

Folgende Frage also tauchte seitdem immer öfter bei mir auf: Warum interessierst du dich eigentlich für eine Sportart, in der zu mindestens 90 Prozent Arschlöcher unterwegs sind, unfähig, ohne Mutti bei Aldi einzukaufen. Typen wie Lorant und Wildmoser sind typisch für die Branche – aber daß die Teamkollegen von Schwabl, daß von diesen erwachsenen Männern keiner auf den Tisch haute und Leckt mich Adios sagte, das ekelte mich an, ja, ich sah sie im Fernsehn und spürte sogar körperlichen Ekel; und weil ich leider Realist bin, mußte ich mir sagen: Diese Arschgeigen verhalten sich völlig normal für die Branche ...

So hatte es also angefangen, daß ich mich etwas weniger für Fernsehfußball interessierte. Von meinem alten Traum, zu jedem 60er Heimspiel nach München fahren zu können, war schon nichts mehr zu spüren.

Und dann traf ich in einem kleinen Fanlokal auf der Nordendstraße meinen alten Freund Hit. Der totale 60er, dagegen bin ich eine Null. Hit sah nicht gut aus, und er war eine Stunde lang nur am Keifen und Fluchen. Der totale Haß – wenn Lorant reingekommen wäre, er hätte ihn gekillt. Und ihm dann die Augen raus- und die Eier abgerissen. Ein Satz ist mir besonders in Erinnerung geblieben: „Ich weiß wirklich

HANS HUBERT VOGTS?
ICH SEHE VIELLEICHT SO AUS WIE BERTI VOGTS ABER ICH BIN NICHT BERTI VOGTS.
ICH BIN ZEICHEN-LEHRER AN EINER REALSCHULE UND SOLANGE ICH SPASS AN DEM JOB HABE, MACHE ICH WEITER. UND NOCH HABE ICH SPASS ...

nicht, wie lang ich noch bei den Auswärtsspielen dabei bin." Peng – da wußte ich, das ich eine (realistische!) Chance hatte, mit schon mal zwei von meinen Süchten aufzuhören.

Eins steht fest: Sollten sie Hit, wegen seiner nicht gerade sanftmütigen Botschaften an die 60er Befehlshaber, doch noch erwischen, dann kann er auf mich zählen – ich bin kein Spieler von 1860, ich werde ihn nicht hängenlassen. Und wenn ich den ganzen Laden in die Luft verfrachten muß. Sie sollen zur Hölle fahren, diese bescheuerten, charakterlosen, lächerlichen Fußballfritzen.

Es ist mir egal, ob *ran* oder Lothar, mich regt nichts mehr auf. Ich denke nicht mehr darüber nach, wie es dem Wiggerl geht oder ob die Hertha vielleicht besser blablabla. Die Nächte, in denen ich träume, wie Anthony Yeboah durch Raum und Zeit zu surfen, werden immer seltener. Ja, ich hör jetzt auf damit. Und ich kann euch sagen, es fühlt sich gut an.

Danke 60! (Dafür wünsch ich euch einen Stammplatz im oberen Mittelfeld der Regionalliga Süd für die nächsten 100 Jahre. Und bei jedem Lokalderby gegen den FCA verpaßt euch der Eckstein einen Hattrick. Und übrigens, der abseits allein stehende Mann, der mit grimmiger Miene eher zurückhaltend in die Hände klatscht: Das bin ich.)

Der gelbe Schal

Borussia Dortmund gelingt mit maximaler Hilfe der Einzug ins Finale der Champions League

Was ist der Plural von Omen? Omina? Ömer? Auch Omen? – Jedenfalls gibt es viele gute davon an diesem 23. April. Schon um viertel vor acht krähen einen die I-Dötzen auf der Straße an: „Sind Sie auch Dortmund-Fan?", Betonung auf „auch", und dann singen sie was von „BVB" und wackeln zur Schule. Die *Eurowings*-Stewardess, bekennender Borussia-Fan, fragt nur „Manchester?" und kichert. Dabei ist der gelbe Schal extradezent unter der Jacke verborgen. Aber vielleicht finden sich die Dortmundgläubigen ja insgeheim wie früher die Christen.

Das Gros der Dortmunder Anhänger in Manchester allerdings ist problemlos zu orten. Klumpen aus Schwarz und jenem schabbeligen Neongrün, das das Vollgelb der Borussia verdrängt hat, rollen durch die Stadt. Eine erstaunliche Idee, mit grün-schwarz umwickeltem Filzschlapphut auf dem Kopf, Gamaschen bis zum Kinn, schlachteplattengroßen Winkelementen an den Fingern und mit Hemden, auf denen *Die Continentale* steht, durch eine englische Stadt zu marschieren und dabei „Hurra, hurra, hurra, die Dortmunder sind da!" zu skandieren. Erstaunlich auch immer wieder, wieviel Büchsenbier in einen Menschen hineinpaßt resp. dann wieder aus ihm herausdrängt. Beim

Anblick Dutzender öffentlich in die Rabatten urinierender Dortmunder Anhänger wird der gelbe Schal ganz versteckt und die Sonnenbrille festgetackert.

Die lokale Bevölkerung nimmt die ästhetischen Übergriffe gelassen hin und dreht sich nur ein bißchen weg. Im Pub zitiert ein Manchester-Fan John Cleese:

„Don't mention the war! Don't mention the war!" und lacht. „Die Leute waren so freundlich und höflich", hört man später viele Deutsche schwärmen, als seien sie auf einem anderen Planeten gewesen; daß sie aber deshalb in Zukunft lieber höflich um etwas bitten werden, als einen Krieg anzufangen, muß bis zum Beweis des Gegenteils weiter bezweifelt werden.

Das Appeasement gegenüber den Dortmundern geht sehr, sehr weit: Die britische Polizei tritt in Schwarz und Textmarkergelb an; vergessen wurde allein, auch die Polizeipferde in den Farben der Borussia anzustreichen. Im Dortmunder Block geht es derweil rituell religiös zu. Während der gewöhnliche Schlachtenbummler die heisere Stimme zu wenig melodischem Gesang erhebt, bevorzugt der gehobene Aficionado ausgefuchstere Beschwörungen. Eine junge Frau reibt wie verzückt den Bauch ihres Begleiters, dem sie die Eigenschaften eines „Glücksbuddhas" zuspricht; ein von seiner eigenen Aufgeregtheit vollkommen aufgelöster Enddreißiger versucht ständig, sich irgendwo ein Mobiltelefon auszuborgen, um seine Fußballkneipe anzurufen, Vereinsabzeichen werden geküßt, manche bekreuzigen sich eher konventionell; jemand setzt beim Anpfiff eine *Romeo y Julieta* in Brand, die er bis zur letzten Sekunde nicht ausgehen läßt.

Die Beschwörungen helfen. Trotz Manchesters Überlegenheit erzielt Lars Ricken in der 8. Minute das Einszunull für Dortmund. Eine Woge Glück durchbrandet den Fan, zuerst einzeln, dann im Pulk: Streicheln, küssen, jauchzen, die junge Dame reibt den Begleiterglücksbauch, daß man meint, er müsse Feuer fangen.

Mehr ist vom Spiel kaum zu erzählen, Ricken

schießt nur noch Fehlpässe, ein Dortmunder Mittelfeld findet nicht statt, allein Libero Feiersinger behält Übersicht. Torhüter Klos steht zwar meist gut auf der Linie, eiert aber wie ferngesteuert durch seinen Strafraum; dreimal rettet Jürgen Kohler für den bereits geschlagenen Schlußmann. „Jürgen Kohler Fußballgott!" behaupten weite Teile des Dortmunder Fanblocks denn auch immer wieder, aber das ist sichtlich Quatsch. Bei aller Sympathie für Kohlers athletisches Hilfe-in-der-Not-Gehechte: Gäbe es einen Gott, er kännte a) keine Schwächung durch Durchfall, wäre b) kein Ausputzer – und trüge c) unter gar keinen Umständen einen Schnäuzer.

Wenn man schon über Gott sprechen will oder auch nur über einen Fußballgott: Manchester hat ihn. Im Stadion sieht man mehr Eric-Cantona-Flaggen als Manchester-United-Fahnen, der Franzose wird verehrt wie ein Kaiser und Gott – und das hat nichts von dem beflissenen Sichbücken, mit dem die deutsche Öffentlichkeit dem Parvenü Beckenbauer begegnet. Eric Cantona hat sich als Jesus in Öl malen lassen, tausendfach wird das Bild als Poster verkauft, und allen, die das blasphemisch finden, geschmacklos, hybrid oder einfach nur peinlich, sei gesagt: Es ist das blanke Understatement. Wer war Jesus? Ein aus dem Hals und unter den Achseln riechender Sektenfredie, der viel Unsinn erzählte und nach seinem Tod berühmtgeschrieben wurde, weil die Leute lieber allgemeinen Unsinn hören als einen klugen Gedanken.

Cantona dagegen hat alles, was ein Fußballer braucht: Auge und Herz. Und diesen unglaublichen Gang, diesen Enten- bzw. Erpelgang, der ungelenk aussieht und mit dem er doch immer wieder alle vernatzt und ein bißchen hilflos und plump aussehen läßt.

Auch Cantona gelang gegen Dortmund kein Tor, und das lag nicht an den Dortmundern. Nachdem Manchester etwa zehn hundertprozentige Chancen versiebt hatte, wußte man: Jetzt können sie noch eine Woche spielen, und es wird nichts. Dortmund hatte so viel Glück, daß der als Jesus gemalte Cantona zu Recht hätte aufstöhnen dürfen: „Mein Gott, warum hast du mich verlassen?!“ Grund für die Dortmunder Fans, am Mittwochabend im Old-Trafford-Stadion „Oh wie ist das schön!“ zu singen, wie sie es taten, gab es keinen. Und den Schlachtruf „Ruhrpott!“ hätte man hin und wieder auch durch „Pol Pot!“ ersetzen mögen – der Mann hätte dem Gewürge ein schnelles Ende bereitet.

BITTE NICHT SCHIESSEN.

„Das geht Sie nichts an!“

Wie die Schnüffler von *ran* einmal dumm aus der Wäsche guckten

Der späte Abend des 28. Februar 1997 war, fußballmedial gesehen, kein schlechter. Trotz des besseren Wissens darüber, daß ein souveränes Ignorieren der Viel-Werbung-und-leider-auch-ein-bißchen-Sport-Sendung *ran* wesentlich glücklicher macht als das zwanghafte Anglotzen dieser Veranstaltung, fand man sich aus Gründen der Sucht nach Fußballberichterstattung, so intolerabel diese auch sei, dennoch abermals vor dem Fernsehkasten ein zum Anschauen von eben: *ran*.

Dort sah und hörte man den Torhüter des VfL Bochum, Uwe Gospodarek, wie er sich nach der 1:3-Niederlage bei Arminia Bielefeld, dem Verein des abscheulich angeberischen Klamottiers Gerry Weber, zunächst despektierlich über den mangelnden Siegeswillen einiger seiner Bochumer Mitspieler äußerte. Auf die üblich freche, auf einen Skandal oder eine Interna-Intrige lauernde Frage des SAT.1-*ran*-Manns, wen er denn da „im einzelnen“ meine, antwortete Gospodarek dann allerdings angenehm klar: „Das geht Sie nichts an.“ Und verschwand.

Das sah man gern. Denn obwohl die Aversion gegen *ran* weder neu noch selten ist, so ist sie ja doch berechtigt. In *ran* verschwindet das Fußballspiel hinter seiner Kommentierung durch *ran,* und die am Fußballspiel beteiligten Spieler und Trainer sind allein interessant in ihrer Funktion, den Karrieren der *ran*-Leute aufzuhelfen. Je spektakulärer also der Erfolg oder Mißerfolg eines Fußballers oder Trainers, desto größer das Bemühen von *ran,* sich als vorgeblich wohlmeinender Freund an ihn anzuflanschen oder

aber, was dasselbe ist, im Namen des Volkes über ihn zu Gericht zu sitzen. In *ran* schminkt sich die Denunziation als Kritik und die Turnhosenschnüffelei als Aufklärung. Was sich als perfektes Dienstleistungsunternehmen für den Fußballfan ausgibt, schafft in Wahrheit den Fußballfan ab. Beziehungsweise erschafft ihn neu: als Klatschtante. Dem *ran*-Kommentator ist

diese Mutation des Fußballfans in einer Art medialer Dauerkopulation verbunden, worüber man sich aber gar nicht moralisch erhitzen muß. Die Angelegenheit erledigt sich vielmehr ästhetisch von selbst. Ein sein Publikum permanent besteigender *ran*-Mann ist einfach kein schöner Anblick. Und so gilt für *ran* und seine Betreiber: Was man nicht rechtzeitig zertritt, hat man später am Hals oder womöglich an noch ganz anderen Körperteilen.

Nur wenig später sorgte ausgerechnet der nicht als rhetorisch begnadet bekannte Olaf Thon, Mannschaftskapitän von „Schalke 05", wie Carmen Thomas den Verein, bei dem Jürgen W. Möllemann eine Geige spielen darf, einst zu Recht nannte, für weitere und sogar noch größere, weil subtiler bereitete Freuden. Als ihn der gleichfalls sensationsgierige, ja sensationsimplizierende, an diesem Abend für „Schalcke“ abgestellte *ran*-Reporter frug, warum denn trotz des nur 0:0 ausgegangenen Heimspiels gegen den FC St. Pauli der Schalker Trainer Huub Stevens kurz vor Schluß einmal, wie es die intimitätsgeile *ran*-Kamera zeigte, gelächelt hätte, schaute Olaf Thon höchst unbedarft aus der Wäsche und replizierte bravourös und geradezu helgeschneideresk, ihm sei jetzt aber „puuh, kalt“, o ja, „sehr kalt“. Und ging seinerseits ebenfalls stiften – ganz so, als ob dieser Akt der Verteidigung von Restwürde mit dem Kollegen Gospodarek abgesprochen gewesen sei.

Als dann der Mitmensch-Darsteller Jörg „Bitte melde dich“ Wontorra vor der im *ran*-Studio verdämmernden, debilen Claque verzweifelt versuchte, Olaf Thons Antwort nicht gegen das Prinzip *ran,* sondern gegen Olaf Thon auszulegen, war es passiert: *ran* war am Ende. Erstaunlich, wie einfach das ging.

Die toten Augen von Leberwurst

„Gehen Sie heute abend auch zum Spiel?“ fragt die freundliche *Eurowings*-Stewardess die Frau auf der anderen Seite des Gangs, und die nickt freundlich zurück: „Ja klar.“ Rotes Haar rahmt ein blasses, erwachsenes, schönes Gesicht ein, und um den Hals ist lose ein schwarz-gelber *BVB 09 Borussia Dortmund*-Schal geschlungen, das Gelb nicht in quietsch, quitte oder neon, sondern fett und voll und sonnig, wie sich das für einen nicht trittbrettfahrenden Dortmund-Sympathisanten gehört, und vor allem: Keine Deutschlandflagge verunziert den Halswickel. „Auch Osttribüne?“ fragt die Stewardess. „Süd“, erwidert die Rothaarige, lächelt noch einmal die Flugbegleitung an und widmet sich dann wieder der Lektüre ihres *Jamiri*-Comics.

Wer solche Fans hat, der wird Meister, denke ich noch und bereue sehr, daß ich ausgerechnet heute nicht vorsorglich eins der BVB-Pflaster, mit denen ich sonst die Kinder glücklich mache, über meinen Ehering geklebt habe. Und jetzt à la „Nein, so ein Zufall!“ meinen BVB-Schlüsselanhänger fallenzulassen, um irgendwie ins vertraute Gespräch, quasi von Hooligan zu Hooligan, zu kommen, wäre dann doch zu peinlich.

Abends im *B-Trieb*, wo sich der Dortmunder Anhang vor dem Spiel mit Pils und Frikadellen stärkt, nach dem Spiel der Freude über den Sieg durch den

Verzehr von Pils und Frikadellen wiederum adäquaten Ausdruck verleiht oder eventuellen Kummer nicht minder angemessen in Pils und Frikadellen – dann aber mit extra viel tränenlösendem Löwensempf, also schwarz-gelb de luxe! – ertränkt, herrscht große Nervosität: Lang war die Winterpause, und die Fans stehen noch nicht im Saft der Siegesgewißheit, sondern sind angenehm bescheiden: „Das wird knapp", hört man es durch die Gastwirtschaft murmeln, die häufigsten Tips sind ein mattes Zweieins oder ein noch matteres Einsnull; allein die Rothaarige aus dem Flugzeug, die etwas abseits einen Espresso und einen Brandy zu sich nimmt, strahlt Ruhe ab.

Im Stadion stehen wir rein zufällig nebeneinander auf der Südtribüne; als ich eine entsprechende Bemerkung mache, erwidert sie: „So so. Aber wenn Sie schon hier sind, könnten Sie mir eventuell einen Gefallen tun?" Gerne, nicke ich. „Ich habe nämlich meine Brille vergessen und sehe nicht sehr viel. Könnten Sie mir vielleicht das Spiel etwas kommentieren? Aber bitte nicht wie einer dieser schrecklichen Leute vom Fernsehn, sondern ganz normal?"

Eine Einschränkung der Sehfähigkeit, das wußte schon Marilyn Monroe, hat etwas unglaublich Anrührendes; sie ist eine Einladung an alle, die sich für Scharfseher halten, den Reiz der Verschwommenheit zu entdecken. „Ich habe Augen wie ein Falke und Ohren wie ein Lachs", versichere ich ihr und schwöre bei mir folgenden Schwur: Sollte auch nur irgendetwas von dem Beckmann-Kerner-Wontorra-Verbalgewürge in mich eingesickert sein und mir, mit „Möller findet keine Anspielstation“ o.ä., eine Blamage eintragen, dann würde ich diesen Plagen geben, was ihnen zukommt, oh ja …

Ich unterbreche meine erfreulich vielfältigen und differenzierten Gewaltphantasien und konzentriere mich auf meine neue Aufgabe: „Der da an der Mittellinie, der gerade gefeiert und geehrt wird, das ist Matthias Sammer, der Mann, in dessen Adern Ehrgeiz fließt, ein Streber, der aber hin und wieder für die fußballspielerischen Momente sorgt, wegen der wir hier ja stehen. Auf das spielerische Element scheint Ottmar Hitzfeld aber weniger zu setzen, das sieht man an der Teilnahme von Martin Kree, aber gegen Pittbulls stellt man eben keine Dalmatiner auf, sondern Pittbulls …"

„Nicht so feuilletonistisch bitte", verlangt meine Zuhörerin, und ich versuche es erneut. „Okay, nur die Fakten. Wer bei Bayer Leverkusen spielt, verpflichtet sich, jeden Tag ein Kilo aus der Bayer-Produktpalette zu essen. Hier ist der Spieler auch Proband. In der Leverkusener Sammelumkleide stehen Knabberschälchen mit gemischten Psychopharmaka, und auf der Trainerbank sitzen die Experten und kucken, wie das Zeug wirkt. Außer dem Trainer selbst natürlich – der ißt jeden Tag freiwillig zwei Kilo. Hören Sie mal."

Gerade singen die Dortmunder Fans auf die Melodie von „Ja, mir san mi'm Radl da" die Zeile „Daum ins Methadon-Programm", wieder und wieder. „Christoph Daum", schaltet sich jetzt mein Nachbar, ein Herr Eckenga, in die laufende Reportage ein, „ist der Wiedergänger von Klaus Kinski. Sie verstehen: Die Toten Augen von London. Die sind endgültig nach Leverkusen umgezogen." – „Die toten Augen von Leberwurst?" fragt unsere Zuhörerin verwundert. „Ist das noch Journalismus?"

„Aber sicher", versichere ich ihr, „das sieht man doch!"

Und siehe: Dann sah man es auch, am Montag, dem 17. Februar 1997, in der taz.

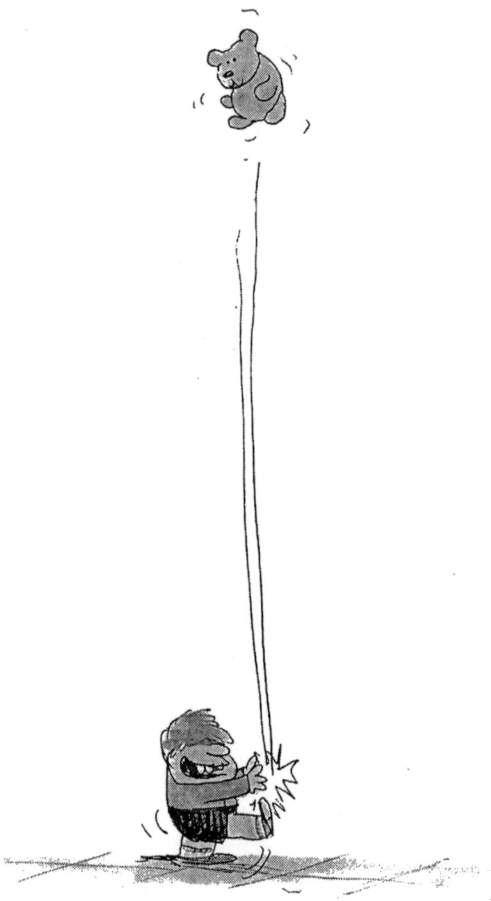

OLIVER KAHN BOLZTE SCHON ALS KIND DAS SPIELGERÄT GERN HOCH UND WEIT IN DIE LUFT.

Heil Fleisch! zum Einüben

„Mehr Emotion!" verlangt der Regisseur Christoph Schlingensief in seinem Bühnenstück *Rocky Dutschke 68* an der Berliner Volksbühne. Da fällt einem gleich wieder ein, daß „Sie Regisseur!" eine der lustigsten und treffendsten Invektiven des Käpt'n-Haddock-Meisterschülers Herbert Wehner war. Denn die Welt ist ja bereits bis zum Bersten angefüllt mit sinnloser Emotion; was das Hirn angeht, ist sie allerdings eher leer.

Vom Grad der Geistesferne in zumindest dem Teil der Welt, der Deutschland heißt – ein Wort, das mit aggressiver Begeisterung und mehreren Ausrufungszeichen zu brüllen immer beliebter wird –, kündete die Austragung der Fußball-Europameisterschaft, obwohl sie gar nicht in Deutschland stattfand. Das ist auch nicht nötig: Die Deutschen haben Deutschland im Kopf und sonst nichts. Und ganz gleich, wieviel Wert man darauf legt, nicht dazuzugehören: Per Television wurde man eingemeindet in die Volksgemeinschaft, die man doch aus gutem Grund ablehnt.

Genauso kategorisch, wie man es Ende November 1989 zurückwies, sich von Antje Vollmer und Sabine Christiansen befehlen zu lassen, angesichts der Ermordung Alfred Herrhausens „Abscheu", „Bestürzung", „Entsetzen" und „Trauer" zu fühlen, obwohl das doch sehr private und explizit nichtkollektive Empfindungen sind, in die der Staat und seine Repräsentanten niemandem hineinzureden haben, mußte man sich gut sechseinhalb Jahre später gegen die Zumutung verwahren, daß man, weil man dem Paß nach Deutscher ist, die amorphe, stumpfe und sehr unangenehm anzusehende und anzuhörende sogenannte „Freude“ seiner Landsleute zu teilen habe.

„Lassen Sie die Korken knallen zu Hause, liebe Freunde“, wurde man am Abend des 30. Juni, als die deutsche Fußball-Nationalmannschaft Europameister geworden war, von der Seite angesprochen. Der Mitschnacker war der ZDF-Angestellte Bela Rethy, der nicht mein Freund ist und es, so, wie er Fußballspiele im Fernsehen kommentiert, auch niemals werden wird. Die These, daß „wir alle uns freuen“ würden, wird durch ihre penetrante Repetition ja nicht richtig;

zur Behauptung des Werbeträgers Karlheinz Feldkamp, nach dem 1:0 der tschechischen Mannschaft seien „wir richtig ein bißchen down“ gewesen, kann ich nur sagen: ich nicht.

Er hoffe, er habe „gutes Heilfleisch“, hatte eine Woche zuvor das *Keine Macht den Drogen*-Modell Jürgen Klinsmann erklärt, das ja vor allem deshalb so unsympathisch ist, weil es sich allerorts als Sympath anbiedert; sieben Tage später rief seine Nation „Heil Fleisch!“, zum Einüben für Zeiten, wo es dann nicht um Fußball gehen wird. Und alle machen mit – das schwarzrotgoldene Gejaule hat längst Einzug gehalten in die linken bzw. ehemals linken Milieus.

Begeisterung auf dem Fußballplatz ist mir nicht fremd; als Südtribünen-Stehplatz-Fan von Borussia Dortmund habe ich mich schon Dinge rufen hören, die ich hier nicht wiedergeben möchte. Aber ergriffen sein, wenn Bela Rethy schluchzt: „Klinsmann weint“? Mich mitfreuen, wenn Kohl, Kanther, Vogts, Beckenbauer usw. ihr Fest feiern? Dabei mittun? Eine Fahne schwenken? „Deutschland!“ brüllen? – Um es mit Gisela Güzel zu sagen: jamais.

Fritz Eckenga
Warum darf der spielen?

Eine fachmännische Kommentierung
in neun Akten.

Ort: Westtribüne des Westfalenstadions

Teilnehmer: Der eine (1)
Der andere (2)
Noch einer (3)
Dieser und jener (4)

I. Die Mannschaften laufen auf.

1: Hat der das Juwel wieder aufgestellt?
2: Jou.

1: Ich versteh' den nicht.
2: Tja.
3: Laß man – der macht heute'n Tor.
1: Aber nur, wenn sie ihm den Ball vor'n Kopp schießen.

II. 1. bis 18. Spielminute.

4: Ker'! Ker'! Ker'!!!
1: Ich weiß nicht, warum der das Juwel aufstellt!
3: Hör doch ma' auf, dauernd auf den zu meckern!
1: Der sieht doch keinen Ball! Siehsse doch die ganze Zeit! Die ganze Zeit sieht der nicht einen Ball!!!
3: Und gleich macht der das Ding und was sachsse dann?
1: Achhördochauf! Der macht kein Ding! Der Christ doch nicht!
2: Nä!

III. 19. Spielminute.

1: TOOOOOR!
2: JAUUUUU!
3: AHHHHHH!
4: TOOOOOR!
3: Hasse geseh'n?!
1: Was?
3: Wie der den Schappi freigespielt hat?
1: Wer? Der Tünsel?

3: Jasicha!

1: Achhördochauf! Der Schappi macht das Ding ganz alleine! Kannze froh sein, daß der Tünsel nicht inner Nähe war. Der hätte dem Schappi noch die Beine gebrochen am Ende!

2: Jou.

IV. 20. bis 45. Spielminute.

4: Ou ou.

3: Die drücken wie die Doofen.

1: Jasicha drücken die. Was sollnse auch sonst machen? Die liegen einsnull hinten. Aber von uns kommt von vorne auch keine Entlastung. Der Christ schaukelt sich die Eier, der blöde Tünsel, der!

2: Mannmann.

1: Sieht der Trainer das denn nicht? Das muß der Trainer doch sehen! KER', TRAINER NEHM DEN KERL RAUS!!!

2: Pause.

1: Gottseidank. Hoffentlich tut der den Blinden inner Halbzeit raus.

V. Die Mannschaften kehren aufs Spielfeld zurück.

1: Jetzt sach bloß, der läßt den Christ drauf?!

2: Jou.

1: Das kann der doch nicht machen.

3: Weil der noch sein Tor macht!
1: Du hast doch keine Ahnung. Wenn du Ahnung hättest, würdest du nicht so'n Scheiß erzählen.
2: Nä.

VI. 46. bis 63. Spielminute.

1: Ich kann da nicht mehr hinkucken! Ich kann den nicht mehr sehn! Nehm den Kerl raus! Nehm den Hemmschuh raus!
3: Da! Da! Paß auf! Jetzt macht er ne rein!
1: Der doch nicht! Doch nicht der Blinde!

3: Aach – knapp!

1: Mann, da hat 'n Möbelwagen zwischengepaßt! Knapp! Du bist ja noch blinder wie der Hemmschuh!

2: Scheiße nee.

VII. 64. Spielminute.

1: TOOOOOR!

2: JAUUUUU!

3: AHHMHH!

4: TOOOOOR!

1: WennwirdenMöllernichthättenwennwirdenMöllernichthätten.

3: KlassederMöller!

1: Und der muß auch noch immer für zwei spielen. Für sich selber und für die gelbe Tonne. Jetzt nimmt der hoffentlich die gelbe Tonne raus!

2: Jou.

1: Gottseidank, er nimmt ne raus!

VIII. 65. bis 89. Spielminute.

1: Der soll abpfeifen.

2: Passiert nix mehr.

3: Wie lange ist noch?

4: Gleich Schluß.

TOR
TOR
TOR
TOR
STIMMT! MIT BALL DRIN.
RATTELSCHNECK

IX. 90. Spielminute.

1: JAUUUUU!
2: JAUUUUU!
3: JAUUUUU!
4: JAUUUUU!
1: Gottseidank Feierabend.
3: War doch ganz gut heute.
1: Hör du bloß auf. Dein Liebling hat mir den halben Nachmittag versaut.
3: Warte mal ab. Der kommt noch.
1: Ja, der kommt noch. Der kommt noch weg!
4: Tüs.
2: Tüs.
3: Tüs.
1: Tüs. Bis in 14 Tagen.

Ende

Glossar:	Das Juwel	= Heiko Herrlich
	Der Christ	= Heiko Herrlich
	Der Tünsel	= Heiko Herrlich
	Der Blinde	= Heiko Herrlich
	Der Hemmschuh	= Heiko Herrlich
	Die gelbe Tonne	= Heiko Herrlich
	Dein Liebling	= Heiko Herrlich

Spieler und Spielerfrau

Spielerfrau: Das Wort klingt halbseiden wie Petrodollar, Geiselgangster oder Sofortkontakt. Und was macht so eine Spielerfrau den ganzen Tag? Christian Ziege das Clearasil verstecken? Andreas Köpke die Unterhemden kaufen, in denen er als Jack the Feinripper nach Spielschluß über den Platz stratzt?

Seit Sonntagabend hat das Rätseln ein Ende. Mehmet Scholl saß mit seinem Dummejungengrinsen herum und sprach. Doch kein hübsches Bonmot wie „Hängt die Grünen, solange es noch Bäume gibt!“ entglitt ihm, und auch zum scheußlichen Spiel der deutschen Mannschaft gegen die kroatische hatte er nichts Substantielles beizusteuern. Woher soll einer wie Scholl auch wissen, daß das Ergebnis ganz egal war, weil ja in jedem Fall eine der beiden unsympathischsten Mannschaften nach Hause fahren mußte? Und daß die historische Aufgabe der deutschen Mannschaft jetzt darin besteht, gegen die englische auszuscheiden, weil der Mohr gehen kann, wenn er seine Schuldigkeit getan?

Nein, Mehmet Scholl saß in seinem Proletentrainingsanzug aus Ballonseide da, grinste anzüglich und ließ den einen Gedanken, zu dem er fähig war, von der Leine: „Zur Entspannung“ werde noch „die eine oder andere Spielerfrau“ ins Hotel kommen dürfen. Die eine oder andere Spielerfrau?, wollte man noch grübeln, welche denn jetzt? Und was machen die da ei-

DER BALL WÄRE NICHT RUND
OHNE SEIN KONTURKISSEN.

gentlich?, als Wolf-Dieter Poschmann aus dem ZDF-Studio in London sogleich ölig „gute Verrichtung" wünschte – man hätte direkt Feminist werden können, wenn das nicht genauso unappetitlich wäre wie diese Herrenreiterei. Und restlos offenbarte sich das Wesen der Leute, die sich die Deutschen als ihre Helden ausgesucht haben: Es sind Männer, die sich von einem, den jeder ungestraft „Berti" nennen darf, vorschreiben lassen, wann sie mit ihren Frauen schlafen. Und die nicht einmal genügend Würde besitzen, dazu dann nichts zu sagen, oder, wenn sie schon drüber reden müssen, wenigstens direkt „Ficken" zu sagen, sondern grinsend von „Entspannung" reden, als wäre die Welt ein Sauna-Club. Und die Frauen haben, die, weil sie sich das gefallen lassen, zurecht Spielerfrauen heißen.

Berlin, Berlin, sie kommen nach Berlin ...

Eine vergebliche Warnung

Das Grauen hat einen Namen: Betzenberg. Dort ist der 1. FC Kaiserslautern zu Hause, jenes Team, das die Ästhetik der Kneipenschlägerei zur sogenannten *Fußballkultur* erhob, zur berüchtigten *Pfälzer Mischung*, in der schiere Unfähigkeit, Abwesenheit von Spielwitz und fußballerischer Kunst und der brutale Spaß an der beabsichtigten Unsportlichkeit sich verbünden.

Adäquat wurden diese Eigenschaften lange Zeit von den ehrgeizverzerrten Zügen des Kapitäns Andreas Brehme, aber auch vom stets irgendwie duhn wirkenden Gesicht des Trainers Friedel Rausch illustriert.

Wie praktisch, daß gerade dieser Verein Dr. Helmut Kohl zum Ehrenmitglied mit der Nummer Doppelnulleins machte: Die passen zueinander, obwohl man zugeben muß, daß Kohl, verglichen mit dem ungeschlachten Treiben der Kaiserslauterner, zwar auch nicht filigran, aber doch erfolgreich agiert; immerhin hat das Land unter seiner kompetenten Wacht schon etwa soviel Arbeitslose akkumuliert wie weiland zu Zeiten des Reichspräsidenten Hindenburg selig. Hut ab!

Mit Kraftmeierei, und weil alle, die ein bißchen was können, schon weg sind, hat sich der 1. FC Kaiserslautern ins Pokalendspiel gewuchtet; „Berlin, Berlin, wir fahren nach Berlin!“ schreien seitdem die Fans – man muß diese Drohung ernst nehmen. Denn die Anhänger des 1. FCK passen nahtlos zum Rest des Vereins. Als man im August 1992 den Mob von Rostock-Lichtenhagen sah, Hirn Fehlanzeige, aber dafür Wanst und Jogginghose randvoll, da wußte man: Die haben vorher in Kaiserslautern geübt, auf dem Betzenberg.

Im Schwarzen Sommer 1991, als die Ball- und Schienbeintreter Meister wurden, geschah das, was man in Kaiserslautern wahrscheinlich „feiern“ nennt: Noch im Erfolg aggressiv und freudlos, die Stonewashed-Buxen in Ermangelung von Inkontinenzwindeln durchgesuppt, torkelten die Claqueure des Anti-Fußball-Clubs durch ihre ihnen auch sehr gut zu Schwammgesichte stehende Stadt, pöbelten blutunterlaufenen Auges alles an, was nach alt, schwach oder behindert aussah, und nötigten sie in SA-Manier zu Äußerungen des Jubels, um sich später, und darin dann tatsächlich und final Genuß findend, in größeren Lachen von Eigenbrei zu wälzen.

Fünf Jahre später kommen sie zu Tausenden nach Berlin, unter Anführung ihres Ehrenmitglieds Dr. Kohl, und nach diesem 25. Mai 1996 wird man den bislang als ultimativ grausam verschrienen Dschingis Khan und seine Hunnen für eine elfengleich sich wiegende Eurythmiegruppe halten. Denn ganz gleich, ob die Kaiserslauterner Pokalsieger oder ob sie gerechterweise vom kleineren Übel Karlsruhe geputzt werden: Sie werden ein Festival der Körperflüssigkeiten feiern, und es wird kein schöner Anblick sein, oh nein, und sie werden singen, wie nicht einmal Troubadix sang.

Schon jetzt sitzen die Ängstlicheren unter den Berlinern auf gepackten Koffern; erste Flüchtlingstrecks verlassen die Stadt in alle Himmelsrichtungen. Wer hoch gepokert hat und sich erst am 25. Mai aus der Stadt ausfliegen lassen wollte, kommt bereits zu spät: Keine zwölf Stunden, nachdem bekannt wurde, daß Kaiserslautern im Pokalendspiel steht, waren alle Tickets vergriffen; auf dem Schwarzmarkt werden Wucherpreise gezahlt.

Doch wo Angst ist, regt sich auch Widerstand. Lokale Antifa- und Fifa-Gruppen haben sich zu einem Bündnis zusammengetan, das entschlossen ist, Brehme, Kohl und ihren Truppen „keinen Fußbreit“ zu gewähren. Ein *Kommando Ente Lippens* hat angekündigt, „das Olympiastadion so lange zu besetzen, bis wenigstens drei Spieler des 1. FC Kaiserslautern nachweislich begriffen haben, daß es sich bei Fußball

um ein Spiel handelt"; die Aktivisten sind dabei realistischerweise „notfalls auch auf mehrere Jahre eingerichtet" und fordern in ihrem Papier „alle Freundinnen und Freunde des eleganten Ballspiels" auf, sie „aktiv oder passiv zu unterstützen – also: Mitbesetzen oder Hasenbrote schicken! Frisch auf!"

Diesen Text schrieb ich am 4. März '96, mehr als elf Wochen also vor dem Pokalendspiel. Und? Was hat's genutzt? Nichts hat's genutzt: Pokalsieger sind sie worden.

Heimat ist Jauche

In Herford geboren und in der Nähe von Bielefeld aufgewachsen: Das klingt so normal ostwestfälisch behütet, wie es auch war. Und normal genug war die Jugend Anfang der 70er Jahre in Ostwestfalen, daß in ihr auch ein gutes Quantum Sport eine Rolle spielte. Sport ist aber Fußball, jedenfalls meistens, und so verehrte ich als Zehnjähriger Borussia Mönchengladbach, also Günther Netzer, und haßte Bayern München, vulgo Franz Josef Beckenbauer. Dem sogenannten *Heimatverein* erging es sogar noch schlimmer als den Münchnern: Arminia Bielefeld verdiente nichts als Desinteresse, und nach der Beteiligung am Bundesliga-Bestechungsskandal war der Verein sowieso unten durch – schließlich war ich selbst Sportler, und an *Fair Play* glaubte ich fest.

Was man jung lernt, sagt das Sprichwort, kann man ein Leben lang gut gebrauchen. Nicht ganz so freundlich ausgedrückt: Man hat es lebenslänglich am Hals. Deshalb – aber nicht nur – muß ich noch heute aus dem Zimmer, wenn Beckenbauer auf einem Bildschirm auftaucht und wieder einmal sein süßliches Erfolgsgrinsen aufsetzt, und immer noch zieht die Verlockung eines schönen Fußballspiels. Und weil die Betonung dabei auf *schön* liegt und auf *Spiel,* ist Arminia Bielefeld noch immer außen vor. Nur ein einziges Spiel dieser Mannschaft sah ich überhaupt live und in voller Länge, und das nicht ganz freiwillig:

NA!? MIT DEN GEDANKEN SCHON IN DER KABINE?!

1990 oder '91 trat die Mannschaft in Berlin gegen die Reinickendorfer Füchse an. Es ging um den Aufstieg, in die 2. Bundesliga, und ein alter Freund aus Bielefeld nahm das zum Anlaß für einen Besuch. Er war Arminia-Fan, was unsere Freundschaft aber nicht weiter berührte, und schleppte mich mit zu einem Fußball-Acker in Nordberlin.

Als wir ankamen, taumelten gerade etwa 200 sehr betrunkene Bielefelder aus ihren Bussen und pillerten erst einmal ganz dringend irgendwohin. Ah ja, dachte ich: rustikales Ostwestfalen. Bielefeld lebt! Es waren Mitglieder der *Blue Army,* einer Schlägertruppe aus dem Bielefelder Stadtteil Baumheide. Dort hatte man schon Anfang der 80er-Jahre krankenhausreif geprügelt werden können, wenn man das Pech hatte, für intelligent gehalten zu werden oder für sonst etwas, das bei diesen Leuten unter schwul firmiert – auch wenn sie das so nicht sagen könnten. In Reinickendorf liefen diese traurigen Ergebnisse genetischer Ungerechtigkeit und sozialer Benachteiligung aufs Feld und wollten vor lauter Freude über das von Arminia gewonnene Spiel unbedingt noch irgendwen verhauen. Daraus wurde damals aber ebensowenig wie aus Bielefelds Aufstieg in die 2. Liga.

Anschließend sank mein Interesse an Arminia Bielefeld wieder auf angemessenes Normalnull zurück. Dabei blieb es auch, als Bielefeld 1996 in die 1. Bundesliga zurückkehrte. Der unangenehme Unterschied zu vorher aber war, daß man jetzt plötzlich nicht selten auf Arminia angesprochen wurde – und das, obwohl man doch a) in sicherer Entfernung lebte und b) das glitschige Terrain jener privaten Exilanten- und Vertriebenenclubs gemieden hatte, in denen, weil es einen echten gemeinsamen Nenner nicht gibt, über die nichts besagende gemeinsame lokale oder regionale Herkunft ein klebriges Zusammengehörigkeitsgefühl hergestellt werden soll, frei nach Karl Moik: *Heimat – einzig unter den Heimaten!* Patriotismus, auch auf kleinster Ebene, ist immer abstoßend, weil immer Folge und Bedingung kollektiver Hysterie und Geistverengung. Und das gilt selbstverständlich auch und speziell für alle Kleingartenzwerge, die sich eine *ostdeutsche Identität* in die Tasche brabbeln.

Seit ihrer nationalen Erweckung aber wollen die Deutschen davon nichts mehr wissen. Sie reißen die Klappe auf und feiern das Fortschleudern ihres spärlichen Restverstandes als Befreiung vom Tabu. Patriotismus ist, zumindest auf lokaler und regionaler Ebene, eine Selbstverständlichkeit, gilt, gerade wenn es um Fußball geht, als grundgut und harmlos und wird regelrecht erwartet. Der Gedanke, daß man mit Absicht, aus gutem Grund und aus freier Entscheidung Heimatlosigkeit sich wählt, weil allein noch die Position des Heimatlosen überhaupt die Chance bietet, ein vielleicht einigermaßen unverkitschtes, von Ressentiments freies Leben zu führen, kommt in diesem Land so gut wie nicht mehr vor; falls doch, gilt er als defätistisch, asozial oder direkt verrückt.

Und weil das so ist, hieß es, obwohl man niemals jemanden dazu ermuntert hatte, auf einmal, und ganz dumpf, mit gerecktem Daumen, „Arminia – super!“ – als wäre man qua Geburt an den Ort oder das Land gekettet, in dem man zufälligerweise zur Welt kam, und als enthielte dieses deprimierende Diktum als aggressive Kehrseite nicht auch die unverhohlene Drohung, ganz nach Lust und Gusto all jene vertreiben zu können, die ebenso zufällig nicht von diesem Ort oder Land herstammen.

Entsprechend übel kann einem zumute werden, wenn man ohne eigenes Verschulden als Arminia-Fan eingemeindet wird, nur weil man irgendwann einmal in Bielefeld lebte. Das ist ungefähr so schlau und so schön wie die Zwangsvorstellung, als Insasse Deutschlands habe man gemeinsam mit den anderen Insassen die hiesige Fußballnationalmannschaft zu feiern oder als Bewohner Berlins auch ein Anhänger der von Berliner und Brandenburger Nazis bevorzugten Vereinigung Hertha BSE zu sein.

Für die Abneigung gegen Arminia Bielefeld wäre also nicht einmal das lokale Spezifikum notwendig, daß der Verein einem der unangenehmsten aller möglichen Sponsoren anhängt: dem Klamottier Gerry Weber, einem Repräsentanten maximaler Aufdringlichkeit, der sich zu Lebzeiten Denkmäler wie das „Gerry Weber Open" hinstellt und sich für sein Angebertum feiern läßt. Früher wurden solche Leute entführt.

Daß Gerry Weber, wie man hört, wg. Arminias Erfolglosigkeit auf Distanz zum Verein geht, ist also ein weiteres Argument *für* die Entfernung der Bielefelder aus der 1. Liga: Im Fall des Abstiegs hätte man Weber, diesen peinlichen Junker Prahlhans, wenn schon nicht vom Hacken, so doch wenigstens vom Trikot. Und auch sonst bietet ein Abstieg nur angenehme Aussichten: Die Medienvertreter, die Arminia Bielefeld aufbliesen, um sich selbst aufblasen zu können, würden auf wenigstens halbwegs erträgliches Maß zurückgestutzt. Und ich würde nicht mehr mit einem Fußballverein belästigt, für den ich mich nicht interessieren müssen möchte.

FATALER FEHLER. TRAINER BRINGT STATT DES JOKERS DEN EIGENTOR...

Claudia Aldenhoven
Wie werden Fußballfans gemacht?

Bereits in der frühkindlichen Phase wurde ich auf den Verein FC Schalke 04 geprägt. Jetzt im Erwachsenenalter sympathisiere ich zwar mit Borussia Dortmund und schreie mich auf der Stehtribüne des Westfalenstadions heiser, besonders wenn es gegen einen Verein wie Bayern München geht. Trotzdem bin ich, gern gestehe ich es mir nicht ein, vielleicht nur ein Schönwetterfan, der zurecht vom Dortmunder Fan, der seinen Verein lebenslang auch durch die unteren Ligen begleitet hat, nicht für voll genommen wird.

Ebenso wie ein Kind keine Alternative zu seiner Familie hat, gab es für mich auch keine zum FC Schalke 04. So war unser Familienglück eng an die sportlichen Erfolge diese Fußballvereins geknüpft. Vor Heimspielen kam immer mein Großvater mit Schnuckertüten bei uns vorbei. Jedem Kind seine eigene Tüte, war sein Motto. Seinen Heißhunger nach Süßem, dem er als Diabetiker nicht nachgeben durfte, kompensierte er mit Familienpackungen eines weitgefächerten Süßigkeitensortiments, die er uns Kindern schenkte und die wir stellvertretend für ihn aufaßen. Wie diese Mengen an nur einem Nachmittag in mir verschwanden, ist mir heute ein Rätsel. Sie zeigten mir aber die Wichtigkeit von Heimspielen, die in der Regel auch häufiger gewonnen wurden.

Und nur im Fall eines Schalker Sieges erwarteten wir die Rückkehr unseres Vaters mit Freude. Gern empfingen wir den Siegestrunkenen nach dem Spiel im Wohnzimmer. Und indem wir auf der Polstergarnitur Trampolin sprangen, lebten wir aus, was er fühlte. Bei Niederlagen war dagegen größte Vorsicht geboten. Zeitiger als sonst oder gar nicht suchte er die Wohnung auf, um jetzt seine Mißstimmung auszutoben. Das ganze Wochenende über mieden wir Kinder seine Gesellschaft, ließen uns im Wohnzimmer nicht sehen, nahmen unsere Mahlzeiten von ihm getrennt in der Küche ein und verbrachten die meiste Zeit im Freien. Und hier, in Gelsenkirchen-Heßler, ging die Schalker Beeinflussung weiter.

„Bisse auch für Schalke oder willste eins inne Fresse“, war die Gretchenfrage auf Spielplatz und Garagenhof, und da Kinder Überlebenskünstler sind, wußte man die Frage auch richtig zu beantworten. Ja, statt Abscheu hervorzurufen, ernteten die herumlungernden Schalker Halbstarken, Ende der sechziger und Anfang der siebziger Jahre war der Begriff Hooligan hierzulande noch nicht verbreitet, Verehrung. Besonderer Held meiner Kindertage war Wolfgang Lensing. Wenn ich ausnahmsweise gerade mal nicht mit meinem älteren Bruder kämpfte, den größten Teil meiner Kindheit verschwendete ich mit seiner Verfolgung, gern um den Eßtisch herum, um mir diesen Quälgeist mit einem harten Gegenstand vom Halse zu schaffen, also wenn wir mal miteinander plauderten, dann schwärmte mein Bruder von Wolfgang dem Blauweißen Panther, der gegnerische Tore, Litfaßsäulen oder Fans, die er auch gern in Gullis versenkte, blau-weiß anmalte. Inwieweit die Erzählungen meines Bruders der Wahrheit oder seiner Phantasie entsprachen, möchte ich dahinstellen, ich habe ihm jedes Wort geglaubt.

Aber nicht nur die kindliche Faszination für Omnipotenz und Gewalt trieb mich in die Arme dieses Vereins. Meinen Freischwimmerschein habe ich Schalke oder genauer Charly Neumann und seinen Verbindun-

gen zur Stadt Gelsenkirchen zu verdanken. Was immer man auch von dem Schalker Kalfaktor halten mag, er befreite mich am 28. Mai 1973 von dem erniedrigenden Dasein einer Nichtfreischwimmerin. Nichtfreischwimmerinnen und Nichtschwimmer wurden in den Schwimmstunden der zweiten oder dritten Klasse ins Kinderbecken verbannt. Und von Woche zu Woche wurde dieser Kreis exklusiver. Mitleidig winkten uns die in die Freischwimmergruppe Aufgestiegenen vom Beckenrand aus zu, ehe sie sich mit ihren frisch aufgenähten Schwimmabzeichen an den Hosen ins tiefe Becken köpften. Zu diesem Zeitpunkt hatte ich bei der 15-minütigen Prüfung in dem nahegelegenen Freibad bereits zweimal versagt. Entkräftet von dem mit planschenden Kindern vollgepfropften Becken reichte das erste Mal eine Welle und das andere Mal eine döp-

pende Kinderhand aus, um mich mit der Hand am Beckenrand zum Aufgeben zu zwingen. Die Chance auf das Abzeichen lag in einem kinderfreien Becken. Und das verschaffte mir Charly Neumann, weil er der Kumpel vom Schalker Schatzmeister war, und der war mein Vater. An einem Tag, an dem das Gelsenkirchener Hauptbad geschlossen war, erhielt ich von ihm Einlaß und Bademeister. Auf der spiegelglatten Wasseroberfläche in bequemer Rückenlage hin- und herzuschwimmen, war dann ein Vergnügen und keine Prüfung mehr.

Daß die Schalker Spieler bei uns ein- und ausgingen, beeindruckte mich weniger. Die Liebe der Siebenjährigen errang einzig und allein Manfred Kremer, Manager und Bruder der Kremer-Zwillinge Helmut und Erwin. Noch heute bin ich im Besitz eines goldenen Doppelherzanhängers, den er mir zum Geburtstag schenkte.

Nur dunkel erinnere ich mich an den Bundesligaskandal im Jahre 1972. Betröpelte Gesichter ratloser junger Spieler bevölkerten in dieser Zeit unser Wohnzimmer. Obwohl Kinder an diesen spannenden Krisensitzungen nicht teilnehmen durften, wußten mein Bruder und ich genau, wem wir das ganze Theater zu verdanken hatten. Es war der Bösewicht Kindermann, der als Chefankläger des DFB eben nicht nur Schalke schädigte, indem er dafür sorgte, daß einige der besten Spieler gesperrt wurden, und der die Machenschaften des Schalker Präsidiums aufdeckte, sondern auch uns, unschuldige Kinder, denen er den Vater entzog und durch einen nervösen, schlechtgelaunten Schatzmeister ersetzte. Und wir wußten auch, was ihm dafür gebürte: Eine Begegnung mit dem Panther Wolfgang Lensing.

Um sich zu retten, schworen der Präsident und sein Schatzmeister einen Eid. Nachdem daraufhin die Anklage wegen Meineids unvermeidlich folgte, kommentierte meine Mutter die offizielle Berichterstattung in den Nachrichten so: „Von Bestechung hat euer Vater keinen Schimmer". Ihr Tonfall hätte sicher auch den Richter beruhigt, der ihn schließlich wegen Mangel an Beweisen freisprechen mußte. Nach der Scheidung meiner Eltern ließ auch der Schalker Einfluß nach. In dem gutbürgerlichen Stadtteil Essens, den ich nun bewohnte, stellte niemand die entscheidene Frage: „Ähj bisse für Rot-weiß oder Schalke?" Vaterlos geworden, nahm ich mir trotzig ein paar Jahre fußballfrei.

Mit Biene Maja in den Krieg

Beim Heimspiel gegen Werder Bremen am 6. April 1995 hatte Borussia Dortmund einen Sänger aufgeboten, um den krankheitsgeschwächten Kader zu verstärken: Karel Gott, dessen Gesang vermuten läßt, er sei als Knabe in ein Ölfaß geplumpst und habe sich später von Peter Maffay zum Griebenschmalz fortbilden lassen, hatte sein Lied von der 'Biene Maja' zur Hymne auf den BVB umgestrickt und vor Spielbeginn im Stadion vorgetragen. Die Dortmunder Spieler reagierten darauf, wie man eben reagiert, wenn einem ausgerechnet Troubadix Mut zuspricht: Benommen, verwirrt und von Entsetzen gepeinigt stolperten sie über den Platz und brachten mit Müh und Not ein schwaches 1:1 zuwege. „Oh je, schlimm!", stöhnte ich zu meinem Leidensgenossen Fritz Eckenga herüber, der aber sah mich nur leer und verständnislos an und gab zurück: „Schlimm? – Schlimm wär schön! Herr, laß schlimm regnen!"

Eine Woche später kam es noch düsterer. Kurz vor Anpfiff war das Spielfeld noch feldgrün: 170 Bundeswehrsoldaten nahmen am Mittelkreis Aufstellung und zeigten, daß sie alle einen gelb-schwarzen Borussia-Schal geschenkt bekommen hatten. Bei ihnen, so hieß es, handelte es sich um die Insassen einer Kaserne in Unna, die noch am selben Tag zu ihrer Friedensmission nach Kroatien aufbrächen, wofür man ihnen bitte applaudieren solle.

Die Zumutung wurde eher lau aufgenommen: Mattes Klatschen, ein paar Pfiffe – die Leute wollten Fußballer sehen, keine Liebestöter. Liebestöter? Sagte ich Liebestöter? Ja, Liebestöter. Beim Anblick solcher Milchbubis in Uniform empfindet man als Kriechdienstverweigerer durchaus Widersprüchliches: Wie bemitleidenswert armselig müssen Leute sein, die nichts kennen als Gehorsam und Schießbefehl? Die aus ihrem Leben nichts zu machen verstehen, als mit ähnlich dumpfen Kameraden auf einer Stube zu hocken, Zeit totzuschlagen, die Rumpelmucke der „Toten Hosen" anzuhören und ansonsten zu lernen, wie sie andere, von denen sie nichts wissen, von denen man ihnen aber gesagt hat, daß sie der Feind seien, am besten umbringen können? Wie unendlich roh, stumpf und gedankenarm muß man sein, um Soldat zu werden?

Und was ist das andererseits für eine Dreckswelt, in der jungen Männern, die es nicht besser wissen, eingeredet wird, sie täten etwas Gutes, wenn sie sich für die elende Vaterländerei hergeben, wenn sie morden oder ermordet werden? Was für ein ekelhaftes Land, in dem – mittlerweile bis weit ins Links-Grüne hinein – behauptet wird, der Einsatz von Soldaten sei kein staatlich organisierter und sanktionierter Mord, sondern eine humanitäre Aktion, eine Friedensmission – ganz so, als ob nun auch diejenigen unter den Deutschen, die es bis vor wenigen Jahren noch besser wußten, aus Gründen der Opportunität beschlossen hätten,

von nun an ebenso ohne Verstand auszukommen wie der Rest ihrer Landsleute.

Militärs sind immer zum Speien – ganz besonders aber dann, wenn sie auch noch auf Mitmensch machen. Und so steht man da, auf der Südtribüne des Dortmunder Westfalenstadions, kuckt auf 170 zukünftige Einlieger eines Heldenfriedhofs – apropos: Wo liegen eigentlich die Feiglinge? –, möchte, ganz kitschig, an sie appellieren, die Uniform auszuziehen, die Knarre wegzuschmeißen und wenigstens zur Menschenähnlichkeit zurückzukehren, und ihnen doch im selben Moment, nicht minder hilflos, hinterherrufen: „Blödes Kanonenfutter! Krepiert doch!" – während die Borussenfans längst eine Hymne singen, in der es passend heißt: „... bis zum letzten Mann."

Das Spiel Borussia Dortmund gegen Schalke 04 am 13. April 1995 war dann ganz schlimm und endete 0:0.

Ein Mensch wie du und ich

Wer das Fußballspiel liebt – die Betonung liegt auf Spiel –, der muß, wenn er nicht erleuchtet über allem schwebt, folgerichtig Haß entwickeln auf die Hämorrhoiden des Sports, auf die Kommentatoren des Grauens, auf Buben wie Rubenbauer und Wontorra. Weil aber jeder Schaden auch seinen Nutzen hat, haben selbst diese Landplagen ihr Gutes: Man flieht den Fernsehkasten und begibt sich direkt auf den Platz.

Als Insasse Berlins ist man dabei für gewöhnlich geprellt, denn Fußball wird in der Hauptstadt allein von auswärtigen Besuchern gespielt, weshalb in diesem seltenen Fall dann auch gleich Ausnahmezustand herrscht: Bei der U-Bahn-Reise zum Olympiastadion zeigt der Mitmensch die bizarre Neigung, seinen warmblütig dünstenden Leib an anderen zu reiben, und hält es für eine gute Idee oder sogar für den Ausdruck eines Gedankens, zu Klumpen geballt „Deutschland! Deutschland!" zu brüllen. Das einzig Tröstliche an diesem Triumph der Dumpf- und Stumpfheit ist, daß das Geblök eher wie „Doischl!" klingt oder wie „Öllwöll! Öllwöll!", und so stimmt es dann ja auch.

Das Berliner Olympiastadion ist für Leute gebaut worden, die gerne den rechten Arm heben und „Sieg!" schreien, weshalb man es 1945 besser abgerissen hätte (aber auch 50 Jahre später ist es noch nicht zu spät dazu). Zunächst aber steht am 15. November 1995 ein Olaf Berger – halb Dieter Bohlen, halb Matthias Reim – auf dem Rasen und gibt ein Schmierlappen-Playback des kreischtauglichen Liedes „Berlin, wir fahren nach Berlin“, damit man auch nicht vergißt, daß man in einer Dürrezone lebt, hirntechnisch gesehen. Anschließend spielen grün und blau Uniformierte die bulgarische und die deutsche Nationalhymne; bei der deutschen singen junge, fit for fun and democracy wirkende Männer die erste Strophe: „Öllwöll, Öllwöll, über alles ... Maas ... Memel ... Etsch ... Belt“, weil sie das gut finden; später machen ihre Artgenossen einen Bomberjacken- und Glatzenblock weiter die Hitlergrüßauguste.

Dagegen aber wird in der Pause die Ultima Ratio des doitschen Folliks aufgeboten: Als *Kaiser's Kaffee*-Kännchen Verkleidete wanken herum, „Willi, der *Wissoll*-Clown“ läßt Weingummitütchen in die Menge schleudern, die sich auch brav unwürdig darum keilt, und für ihren Höhepunkt haben die Päderasten vom DFB etwas ganz Besonderes ausgeheckt: 200 leichtbekleidete Kinder schleppen und schwenken Fahnen und tun dies ausdrücklich „gegen Ausländerfeindlichkeit und Fremdenhaß“; man muß es dazusagen, sonst wüßte es keiner, und das wäre ja schade. Der Stadionsprecher aber kann noch besser und begeistert sich in die völlige Umnachtung hinein: „Mein Freund ist Ausländer – ein Mensch wie du und ich“, doch, tatsächlich, das bringt er fertig: „Ein Mensch wie du und ich“, was soviel heißt wie das „Behinderte sind auch Menschen“ der *Aktion Sorgenkind*, die ihre „Schützlinge“, wie man dann herabwürdigend geheißen wird, bis zur Demenz befürsorgt, „ein Mensch wie du und ich“, denn so und nur so lieben die Deutschen ihre Minderheiten: handzahm, doof, aber lieb – Streicheltierchen, denen man, weil die Kehrseite der Brutalität die Sentimentalität ist, bei Gelegenheit auch zeigen kann, wer hier den Daumen drauf hat, und die gefälligst Dankbarkeit zu zeigen haben dafür, daß man sie nicht euthanasiert oder abfackelt, was ja eigentlich, bei Lichte besehen, doch für alle die beste Lösung ... – all das meint der Mann, selbst wenn er's gar nicht weiß, als er, berauscht von seinem eigenen Gutsein, „ein Mensch wie du und ich“ ins Mikrofon hinein und in die Welt hinausschmettert, und alles, alles kann ich mir vorstellen zu sein, Krüppel der beißt, Mann der bescheißt, Schnäuzer, Goldkettchen und weiße Socken tragender türkischer Mitbürger, vielleicht sogar, als Spätfolge eines BAP- oder Roger-Whittaker-Konzerts, ein Skinhead und vielleicht sogar „ein Mensch wie du und ich“, aber eins dann doch nicht: eine sich selbst salbende Kartoffel wie er.

Lederhose runter

1. Oktober 1995: Borussia Dortmund geht mit einem 3:1 auf Bayern-Jagd und macht den Autor zum Softhool

Wenn man zu Borussia Dortmund ins Stadion geht, dann merkt man zuallererst, noch lange vor dem Anpfiff, wie aufgesetzt das zwangskaspernde, den direkten Charme des Ruhrgebiets beschwörende und dabei bloß auf den Hund bringende, reißerische Getue des *ran*-Kommentators und angeblichen 'Originals' Werner Hansch ist: Jeder Ruhri an der Bude erzählt bei Pils und Frikadelle Originelleres über „Doatmunt" oder „Schalllke". Denn egal ob Frau oder Mann: Gern steht der Ruhri am Büdchen und erklärt dir die Welt.

„Der Legende nach wachsen in Westfalen die Dickköpfe aus der Erde“, hat Stefan Ripplinger einmal formuliert, und Mark Twain notierte schon 1863: „The Westfalian is half man, half beast.“ Für die Südtribüne im Dortmunder Westfalenstadion trifft das zu. Stoisch und freundlich lassen die Gelb-Schwarzen noch die einfältigste Stadionwerbung über sich ergehen: „Tore sind kein Zufall, sondern das Ergebnis von Leistung und Teamgeist. Kaufen also auch Sie die herrliche Brägenwurst von Metzgerei Schnitzel“, nöselt mit Mühe, dafür aber gleich mehrfach der Stadionsprecher Norbert Dickel. Die Fans besingen ihn trotzdem, mit Hilfe der *Flipper*-Melodie: „Wir lieben Norbert, Norbert, Nohorbert Diiickel, jeder kennt ihn, den Held von Berlin“, weil er 1989, nein, nicht die Mauer abgetragen, sondern nach langer Verletzungspause durch zwei Tore das Pokalendspiel zugunsten der Dortmunder entschieden hat, wenn ich meinem freundlichen lokalen Begleiter Fritz Eckenga glauben darf, – „jeder kennt ihn, er riecht nach Sulfrin“ fände ich aber auch nicht schlecht, zumal nicht eben wenige Dortmunder Spieler, z.B. Riedle, Tretschok, Berger, Frank, Möller und andere, so aussehen, als verbrächten sie ihr Leben zu gleichen Teilen auf dem Fußballplatz wie beim Friseur bzw. bei ihrer jeweiligen *Spielerfrau*, was ja auf dasselbe hinausläuft.

Als Talisman bin ich angereist: Wenn ich im Stadion stehe, so das Kalkül, könnte es mit einem Sieg gegen Bayern München klappen, denn ich bin zum ersten Mal da und müßte also Anfängerglück bringen. (Fußball ist Opium fürs Volk, und gegen einen gescheiten Opiatrausch ist, außer Ressentiments, nichts einzuwenden.) Die Mannschaften laufen ein. „Wer sich so warmmacht, hat schon verloren", kommentiert ein Hintermann glasigen Auges die Münchner, die in Breitwand- und Breitseitenformation einlaufen; der Mann hat offensichtlich das zweite Gesicht und das dritte Auge, die, mit seinen ca. achtzehn Pils zusammengezählt, allerdings möglicherweise das fünfte Rad ab ergeben.

Furchtbar unsportlich, richtig dull und stulle ist das Auspfeifen der gegnerischen Mannschaft vor dem Anpfiff, aus bloßem Prinzip, also noch bevor sie überhaupt etwas eventuell Auspfeifenswürdiges getan hätte. Das gibt es in allen Stadien und leider auch in Dortmund. In Sportfunktionärs- und -journalistengaga gesprochen: „Hier ist Basisarbeit gefordert / zu leisten / angesagt."

Die erste Halbzeit bringt keine spielerischen, aber kognitive Sensationen: Steffen Freund ist mehr als der gemeine Klopper, als den man ihn kennt, und auch Martin Kree und Jürgen Kohler dürfen Mitglied der Technikerkrankenkasse werden. (Von diesem Trio schwor ich bislang, daß es außer Treten am Ball nichts kann – es ist nicht wahr, zumindest nicht immer.) Der unsympathische, ehrgeizzerfressene, ja -zerfledderte, kapriziöse Sammer spielt, so ungern man das zugibt, leider sehr gut Fußball, offensiv wie defensiv, notfalls athletisch mit Kraft und Kampf, bevorzugt aber intelligent und elegant – so wie ein allseits gebildeter Fußballer eben. (Und trotzdem komme ich nicht umhin, wenigstens leise durch die Zähne zu sprechen: „Aber ein Streber ist er doch!") Und Stefan Reuter kann – ich hätte es vorher nicht geglaubt – nicht nur schnell an der Torauslinie entlanglaufen, sondern, Sensation!, flanken und den Ball von der Strafraummitte aus gleichermaßen an die Latte oder ins Tor schießen. Einsnull zur Pause.

Grundsympathisch ist der Pessimismus der Dortmunder Fans: Nach dem Einseins durch Nerlinger kurz nach dem Wiederanpfiff sieht man Köpfe in Resignation sich senken und hört es murmeln, daß „es ja sowieso wieder nichts wird" und daß man „sich jetzt doch wieder ne Packung einfährt" usw., literweise wird Angstschweiß vergossen, und der einzige Durchbruch, an den man zu glauben wagt, ist der des eigenen Magens. Hier ist nichts von der schnöselhaften, von oben nach unter klassenkämpferischen „We are the Champions!"-Prahlerei, die die Bayern-Fans, vor allem solche, die sich, z.B. vom Sauerland aus, ihres Erfolgs wegen an die Bayern anflanschen, in allen Stadien so verächtlich macht, weil sie sich chronisch für die Numero-uno-Sorte Fan halten, für Senatorklasse quasi.

Gut im Stadion ist, daß man keinen *ran*-Mann erdulden muß; für diese Gnade zweier unbehelligter Ohren und eines unbeleidigten Verstandes nimmt man auch die fehlende Zeitlupenwiederholung in Kauf, die einem gezeigt hätte, daß der Elfmeter für Dortmund in der 41. Minute ein Geschenk des wankelmütigen, wenn nicht wankelmotorigen Schiedsrichters Steinborn war; dafür verweigert er in der 62. den fälligen Strafstoß, als Hamann im Strafraum Möllers Beine wegzieht. Kein Fall also diesmal für das Flachblatt *kicker*, das Möllers theatralisches Talent einst so kommentierte: „Eine Schwalbe macht noch keinen Sammer." Überhaupt hat der *kicker* große Verdienste im Kalauerwesen erworben; bisheriger Höhe- und Tiefpunkt zugleich war die Schlagzeile: „Mehmet, was scholl das?"

Der große Aphoristiker Scholl („Hängt die Grünen, solange es noch Bäume gibt" und „Ich würde niemals einen Blinden an eine Litfaßsäule führen und sagen: ‚Da geht's nach Hause'") ist in der zweiten Halbzeit genauso schwach wie in der ersten Andreas Herzog, der für Scholl den Platz verlassen muß. Als Sportler ist Herzog aber ohnehin schon seit dem 7. Mai 1995 nicht mehr existent, jedenfalls nicht für mich; damals noch in Bremer Diensten, ließ sich Otto Rehhagels Vasall fallen, als ihn Julio Cesar nur mit der Hand berührte, wofür Cesar die rote Karte bekam; allein deshalb schon war es befriedigend, daß 1995 Dortmund Meister wurde und nicht Bremen.

Ähnlich wie im Mai seine Bremer suchen auch Rehhagels Münchner Spieler ein halbes Jahr später ihr Heil in großer Härte: Strunz, Ziege und Kostadinov sehen zu Recht gelb, und auch andere Bayern haben das Rasieren von der Sense auf gelernt. Und plötzlich, bei allem Ekel vor Massenaufmärschen, bei allem Mißtrauen gegenüber Gemeinschaftsgefühlen, sogenannten *Gruppenidentitäten* bzw. *kollektiven Zusammenhängen,* hört man sich im Pulk „Schieber! Schieber! Karte!“ rufen. (Was ich sonst noch so gerufen habe, werde ich Ihnen ganz bestimmt nicht verraten.) Später, nach dem Dreieins für Dortmund, gleitet man in eine Art sanften Hooliganismus über, tanzt westfälisch Lambada und singt an die Adresse der Münchner: „Ihr könnt nach Hause gehn, ihr könnt, ihr könnt nach Hauuuse gehn!“

Was man dann auch selbst tut und dabei mit Herrn Eckenga herumsimpelt, der jetzt auf einmal alles schon vorher gewußt und prophezeit hat: „Zwei Tore Unterschied – hab’ ich’s gesagt oder nicht?!“ Man schwelgt noch einmal in den schönen Siegtoren von Sosa und Zorc, freut sich, daß die Bayern auch nur mit Wildwasser kochen, kauft, weil man auch im Taumel des Glücks die Verdammten dieser Erde nicht vergessen soll, für den leidenden Freiburg-Fan Dietrich zur Nedden einen Dortmund-Freiburg-Freundschaftsschal und weiß, daß man, so oder so, an diesem 1. Oktober den deutschen Fußballmeister der Saison 1995/96 gesehen hat, der, ebenfalls so oder so, allerdings eine ganze Klasse schlechter spielt als eine richtig gute Mannschaft wie z.B. Ajax Amsterdam, aber heute ist das egal. Es ist schön, ein Hooligan zu sein.

Sammelbilder-FanService

Solange Vorrat reicht!

Ihre Buchhandlung hat die Ihnen fehlenden Sammelbilderbögen nicht vorrätig? Bestellen Sie direkt beim Verlag! Einen einzigen 5-DM-Schein oder Briefmarken im Wert von 5,50 DM oder eine 30 Pf / 40 Pf postfrische Briefmarke von 1974 anläßlich der Fußball-WM '74 – und wir senden Ihnen unverzüglich die Ihnen fehlenden Sammelbilder zu. Solange Vorrat reicht!

Sammlerwünsche richten Sie bitte an:
Edition Nautilus · Am Brink 10 · 21029 Hamburg

Bio-bibliographische Angaben zu den Gastbeiträgen

Claudia Aldenhoven, geboren 1964, promovierte über die „Reinigung und Sequenzierung einer alkalischen Phosphatase aus *Halobacterium salinarium*“. Sie lebt in Berlin und arbeitet als freie Journalistin im Bereich Wissenschaft und unter besonderer Berücksichtigung des Alltags.

Franz Dobler, geboren 1959, lebt in Augsburg. Veröffentlichte u.a. bei Nautilus: *Bierherz* (1994) und *Sprung aus den Wolken* (1996). Herausgabe der CD-Serie *Perlen deutschsprachiger Popmusik* (Trikont), Mitglied der DJ-Gruppe *Trash-Klub* und *Get Country Rhythm*. Arbeitet für Rundfunk und Printmedien. Zuletzt erschienen: *Nachmittag eines Reporters*, belleville, München 1998.

Fritz Eckenga, geboren 1955, ist Autor, Komiker, Musiker und wohnt in Dortmund. Brach mit 25 seine Fußballkarriere ab und ist in dem ziemlich berühmten Ensemble *N8chtschicht* aufgewachsen. Autor, Darsteller von Theater- und Bühnenprogrammen, Tonträger- und Hörfunkproduktionen. Arbeitet regelmäßig für die *taz*-Wahrheit, für den WDR 2 mit dem *Baumarktprofi-Kommentar* und für den SWF 3 mit der Bundesligakolumne *Mein Freund ist aus Leder*. Buchveröffentlichungen: *Kucken, ob's tropft*, Edition Tiamat, Berlin 1997. *Ich muß es ja wissen*, Edition Tiamat, Berlin, Herbst 1998. Aktuelles Bühnenprogramm: *N8chtschicht, Club N8cht*

Dietrich zur Nedden, geboren 1961 in Hannover, lebt als freier Autor, eine Hälfte der *Fitzoblongshow* und Teilzeitbuchhändler in Hannover, nachdem er unter anderem in der ereignisreichen Saison 93/94 als Schnittstellenmanager beim SC Freiburg tätig war.

Inhalt